ULTIMATIVNA BOCNUTI ZDJELA PALETA

Poboljšajte svoje nepce sa 100 živahnih havajskih okusa

Barbara Marić

Materijal autorskih prava ©2023

Sva prava pridržana

Nijedan dio ove knjige ne smije se koristiti ili prenositi u bilo kojem obliku ili na bilo koji način bez odgovarajućeg pisanog pristanka izdavača i vlasnika autorskih prava, osim kratkih citata korištenih u recenziji. Ovu knjigu ne treba smatrati zamjenom za medicinske, pravne ili druge stručne savjete.

SADRŽAJ

SADRŽAJ 3

UVOD 6

ZDJELICE ZA RIBU I PLODOVE MORA 7

1. Zdjela za bockanje zmajevog voća i lososa 8
2. Havajski Ahi Bocnuti 10
3. Zdjelice od tune s mangom 12
4. Začinjena zdjela s tunjevinom 14
5. Zdjela za bockanje lososa Shoyu i Začinjeno Mayo 16
6. Kalifornijske imitacije zdjelica za bockanje rakova 19
7. Začinjene zdjelice od rakova 21
8. Kremaste Sriracha zdjelice od kozica 24
9. Zdjela za bockanje ribe i wasabija 27
10. Keto Začinjeno Ahi Tuna Bocnuti zdjela 29
11. Losos i kimchi s Mayo Bocnuti om 31
12. Kimchi losos 33
13. Pečene zdjelice od tunjevine 35
14. Zdjela za pečenje od lososa i manga 37
15. Zdjela za bockanje škampa i ananasa 39
16. Zdjela za bockanje hobotnice i algi 41
17. Žutorepi Bocnuti zdjela 43
18. Zdjela za bockanje jakobove kapice i manga 45
19. Zdjela za bockanje rakova i avokada 47
20. Začinjena posuda s tunjevinom i rotkvicama 49
21. Zdjela za pečenje od dimljenog lososa i šparoga 51
22. Zdjela za bockanje od miso marinirane sabljarke 53
23. Zdjela za bockanje jastoga i avokada 55
24. Zdjela za pečenje od tune i lubenice 57
25. Zdjela za bockanje rakova od mekane ljuske 59
26. Mahi-Mahi na žaru i posuda od ananasa 61

VEGETARIJANSKE ZDJELICE ZA BOCNUTI 63

27. Zdjela za pečenje od tofua i povrća 64
28. Tempeh Bocnuti zdjela 66
29. Zdjela od gljiva prekrivena sezamom 69
30. Zdjelice od lubenice s tamari preljevom 72
31. Zdjela za bockanje tofua generala Tsoa 74
32. Poké zdjela sa sashimijem od rajčice 77
33. Veganska zdjela za pečenje s tahini umakom 80
34. Zdjela za pecivo od kvinoje i pečenog povrća 83
35. Zdjela za pečenje od avokada i slanutka 85

ZDJELICE ZA JUNEĆE BOCNUTI 87

36. TERIYAKI GOVEĐA POSUDA ZA BOCKANJE 88
37. KOREJSKA BULGOGI ZDJELA ZA BOCKANJE GOVEDINE 90
38. TAJLANDSKA POSUDA S GOVEĐIM BOSILJKOM 92
39. ZDJELA ZA GOVEĐE MESO OD SEZAMA I ĐUMBIRA 94
40. ZAČINJENA ZDJELA S GOVEDINOM SRIRACHA 96
41. ZDJELA ZA BOCKANJE ODREZAKA OD ČEŠNJAKA I LIMETE 98
42. ZDJELA ZA GOVEĐE MESO OD CILANTRA I LIMETE 100
43. ZADIMLJENI ČIPOTLE GOVEĐA ZDJELA ZA PEČENJE 102
44. HOISIN-ĐUMBIR GOVEĐA ZDJELA ZA PEČENJE 104
45. ZDJELA ZA BOCKANJE TANGA ODREZAKA I MANGA 106

ZDJELICE ZA SVINJINJU 108

46. TERIYAKI ZDJELA ZA SVINJETINU 109
47. ZAČINJENO SRIRACHA SVINJETINA BOCNUTI ZDJELA 111
48. ZDJELA ZA BOCKANJE SVINJETINE OD ANANASA I ĐUMBIRA 113
49. ZDJELA ZA SVINJETINU S LIMUNSKOM TRAVOM 115
50. KOREJSKI BBQ BOCNUTI ZDJELA ZA SVINJETINU 117
51. TAJLANDSKA ZDJELA S BOSILJKOM I BOSILJKOM 119
52. ZDJELA ZA PEČENU SVINJETINU NA ROŠTILJU 121
53. ZDJELA ZA PEČENJE OD ČEŠNJAKA I HOISINA 123
54. GLAZIRANA SVINJSKA POSUDA OD JABUČNOG JABUKOVAČE 125
55. ZDJELA ZA SVINJETINU S MEDOM I SENFOM 127

ZDJELICE ZA PERAD 129

56. KALIFORNIJSKA ZDJELA S PILETINOM 130
57. ZDJELA ZA PILETINU TERIYAKI 133
58. ZDJELA ZA PEČENU PURETINU S LIMUNOVIM ZAČINSKIM BILJEM 135
59. MANGO UMAK PILETINA BOCNUTI ZDJELA 137
60. ZDJELA ZA PEČENJE S GRČKOM PILETINOM 139
61. ZDJELA ZA PILETINU OD SLATKOG ČILIJA I LIMETE 141
62. ZDJELA ZA PECIVO OD PILETINE I RAJČICE 143
63. ZDJELA ZA BOCKANJE PURETINE S GLAZIRANOM NARANČOM I ĐUMBIROM ... 145
64. BUFFALO PILETINA I POSUDA S PLAVIM SIROM 147
65. PILETINA S CILANTRO LIMETOM I ZDJELA ZA KOCKANJE CRNOG GRAHA 149
66. ZDJELA ZA PEČENJE S PILETINOM I HUMUSOM 151

ZDJELICE ZA SUSHI BOCNUTI 153

67. NARANČASTE ŠALICE ZA SUSHI 154
68. ZDJELA ZA SUSHI ZA PRŽENJE 156
69. ZDJELA ZA SUSHI OD JAJA, SIRA I ZELENOG GRAHA 158
70. ZDJELA ZA SUSHI OD BRESKVE 160
71. RATATOUILLE ZDJELA ZA SUSHI 162
72. HRSKAVI PRŽENI TOFU ZDJELA ZA SUSHI 164
73. ZDJELA ZA SUSHI OD AVOKADA 167
74. ZDJELICE ZA SUSHI OD RAKOVA, BIJELE RIBE I TOBIKO 169
75. ZDJELA ZA SUSHI OD TUNJEVINE SA SEZAMOM 171

76. Zdjela za sushi od jakobovih kapica i šparoga 173
77. Začinjena zdjela za sushi od jastoga 175
78. Zdjela za sushi s kratkim rebrima s roštilja 177
79. Dynamite Scallop Sushi Zdjela 179
80. Zdjela za sushi od svježeg lososa i avokada 181

ZDJELA ZA VOĆE **183**

81. Açaí bobičasto voće s infuzijom limunske trave 184
82. Açaí zdjela s morskom mahovinom 186
83. Acai zdjela od kokosa 188
84. Acai Mango Macadamia Zdjela 190
85. Vitamin Pojačati Acai Zdjela 192
86. Açaí zdjela s brazilskim orasima 194
87. Cvijet Vlast brazilska zdjela za açaí 196
88. Zdjelice od kvinoje s kokosom 198
89. Açaí zdjela s bananom i kokosom 200
90. Goji zdjelice za squash 202
91. Goji superhrana zdjelica za jogurt 204
92. Zdjela s kokosovim bobicama 206
93. Zdjela za kokos i ananas 208
94. Açaí zdjela od bobičastog voća s narom 210
95. Zdjela zmajevog voća i kivija 212
96. Zdjela s papajom od kokosa 214
97. Zdjela s kokosom i mangom 216
98. Emmer zdjele za pitu od jabuka 218
99. Zdjele od papaje 220
100. Zdjela zelenog acaija s voćem i bobicama 222

ZAKLJUČAK **224**

UVOD

Dobro došli u Ultimativna Bocnuti Zdjela Paleta, kulinarsko remek-djelo koje vas poziva da krenete na živahno i okusno putovanje kroz srce havajske kuhinje. U ovoj kuharici zaranjamo u umjetnost Bocnuti Zdjelasa, pozivajući vas da doživite ultimativnu fuziju svježih, živih sastojaka i jedinstvenih okusa koji definiraju slikovite havajske otoke.

Zamislite osunčane plaže, ritmične zvukove ukulelea i nježno njihanje palmi—pozadinu kulinarskog raja koji ćemo upravo istražiti. Svaka stranica ove kuharice je platno oslikano nijansama Pacifika, koje vam nudi paletu od 100 pažljivo osmišljenih recepata koji će poboljšati vaše iskustvo objedovanja i unijeti okus tropa na vaš stol.

Dok se upuštamo u ovu kulinarsku avanturu, nećemo samo slaviti ukusnu harmoniju okusa, već ćemo također zaroniti u kulturnu tapiseriju koja je oblikovala umjetnost bocnuti a. Od užurbanih ribljih tržnica do tradicionalnih obiteljskih okupljanja, " Ultimativna Bocnuti Zdjela Paleta" hvata duh Havaja, pozivajući vas da u svoju kuhinju unesete toplinu i živost otoka.

Bilo da ste iskusni kuhar ili strastveni kuhar kod kuće, ova je kuharica vaš vodič za svladavanje umjetnosti pečenja. Naučite uravnotežiti suptilnosti svježe ribe, eksperimentirajte s egzotičnim voćem i otkrijte radost stvaranja vizualno zadivljujućih zdjelica koje ne samo da mame okusne pupoljke, već i prikazuju ljepotu havajske kulinarske tradicije.

Dakle, neka avantura počne—gdje je svaki recept korak bliže vrhunskom doživljaju bocnuti zdjelaa. Od klasičnih izvedbi koje odaju počast tradiciji do inovativnih zaokreta koji redefiniraju okus, neka vaše kulinarsko putovanje bude bogato i raznoliko poput samog Pacifika.

ZDJELICE ZA RIBU I PLODOVE MORA

1. Zdjela za bockanje zmajevog voća i lososa

SASTOJCI:
- 1 zmajevo voće
- 1 funta lososa za sushi, narezanog na kockice
- ½ šalice narezanog krastavca
- ½ šalice narezanog avokada
- ¼ šalice narezanog mladog luka
- 2 žlice soja umaka
- 2 žlice rižinog octa
- 1 žlica sezamovog ulja
- Posolite i popaprite po ukusu
- Kuhana riža, za posluživanje

UPUTE:
a) Dragon fruit prerežite na pola i izdubite meso.
b) U velikoj zdjeli pomiješajte losos, krastavac, avokado i mladi luk.
c) U posebnoj zdjeli pomiješajte sojin umak, rižin ocat, sezamovo ulje, sol i papar.
d) Umiješajte preljev u smjesu lososa dok se dobro ne sjedini.
e) Presavijte meso zmajevog voća.
f) Poslužite preko kuhane riže.

2. Havajski Ahi Bocnuti

SASTOJCI:
- kocke od 1 inča
- 2 žlice narezanog mladog luka
- 2 žlice grubo nasjeckanog limua kohu
- 1 žlica sitno narezanog slatkog Maui luka
- 1 žličica ' inamona
- Havajska sol po ukusu
- Po želji: 1-3 havajske čili papričice, sitno nasjeckane
- Prženi Kukui orasi, 4 oz (113 g)
- Havajska sol iz bijelog mora s Havajskih otoka, vreća od 2 lb

UPUTE:
a) Stavite ahi u zdjelu srednje do velike veličine.
b) Dodajte sastojke i lagano promiješajte da se sjedine.

3. Zdjelice od tunjevine s mangom

SASTOJCI:
- 60 ml soja umaka (¼ šalice + 2 žlice)
- 30 ml biljnog ulja (2 žlice)
- 15 ml sezamovog ulja (1 žlica)
- 30 ml meda (2 supene kašike)
- 15 ml Sambal Oeleka (1 žlica, vidi napomenu)
- 2 žličice svježeg naribanog đumbira (vidi napomenu)
- 3 mladog luka, tanko narezana (bijeli i zeleni dio)
- komade od ¼ ili ½ inča
- 2 šalice sushi riže, kuhane prema uputama na pakiranju (zamijenite bilo kojom drugom rižom ili žitaricama)

IZBORNI DODACI:
- Narezani avokado
- Narezani krastavac
- Edamame
- Ukiseljeni đumbir
- Mango narezan na kockice
- Čips od krumpira ili wonton čips
- sezam

UPUTE:
a) U srednjoj posudi pomiješajte sojin umak, biljno ulje, sezamovo ulje, med, Sambal Oelek, đumbir i mladi luk.
b) U smjesu dodajte tunjevinu narezanu na kockice i promiješajte. Ostavite smjesu da se marinira u hladnjaku najmanje 15 minuta ili najviše 1 sat.
c) Za posluživanje zagrabite rižu za sushi u zdjelice, na vrh stavite marinirani komadić tune i dodajte preljeve po želji.
d) Bit će dodatnog umaka za prelijevanje nadjeva; poslužite ga sa strane.

4.Začinjena zdjela od tunjevine

SASTOJCI:
ZA TUNU:
- od 1/2 funte za sushi, izrezana na kockice od 1/2 inča
- 1/4 šalice narezanog mladog luka
- tamarija bez glutena
- 1 žličica sezamovog ulja
- 1/2 žličice sriracha

ZA ZAČINJENI MAJONEZ:
- 2 žlice svijetle majoneze
- 2 žličice sriracha umaka

ZA ZDJELU:
- 1 šalica kuhane smeđe riže kratkog zrna ili bijele riže za sushi
- kockice od 1/2 inča
- 1/2 srednjeg Hass avokada (3 unce), narezanog na kriške
- 2 mladog luka, narezana za ukras
- 1 žličica sjemenki crnog sezama
- Soja sa smanjenim udjelom natrija ili tamari bez glutena, za posluživanje (po izboru)
- Sriracha, za posluživanje (po želji)

UPUTE:
a) U maloj zdjeli pomiješajte majonezu i srirachu, razrijedite s malo vode da pokapate.
b) U srednjoj zdjeli pomiješajte tunu s mladim lukom, soja umakom, sezamovim uljem i srirachom. Lagano promiješajte da se sjedini i ostavite sa strane dok pripremate zdjelice.
c) U dvije zdjele rasporedite pola riže, pola tune, avokado, krastavac i mladi luk.
d) Prelijte začinjenom majonezom i pospite sjemenkama sezama. Po želji poslužite s dodatnim soja umakom sa strane.
e) Uživajte u odvažnim i pikantnim okusima ove preslatke zdjele za pečenje od začinjene tune!

5.Shoyu i Začinjeno Mayo zdjela za bockanje lososa

SASTOJCI:
- 10 oz sashimi-klase lososa ili tune, izrezati na kockice veličine zalogaja i podijeliti na pola
- 2 porcije riže, po mogućnosti japanska riža kratkog zrna
- Furikake začin

SHOYU MARINADA ZA 5 OZ RIBE:
- 1 žlica japanskog soja umaka
- ½ žličice sezamovog ulja
- ½ žličice prženih sjemenki sezama
- 1 zeleni luk, nasjeckani
- ¼ malog slatkog luka, tanko narezanog (po želji)

ZAČINJENA MAJONEZA ZA 5 OZ RIBE:
- 1 žlica Kewpie majoneze
- 1 žličica slatkog čili umaka
- ¼ žličice Sriracha
- ¼ žličice La-Yu čili ulja ili sezamovog ulja
- Prstohvat morske soli
- 1 zeleni luk, nasjeckani
- 1 žličica Tobiko, po želji

VRHUNSKE IDEJE:
- Oljušteni Edamame
- Avokado
- Začinjena salata od rakova
- Japanski krastavci, tanko narezani
- Salata od morskih algi
- Rotkvice, tanko narezane
- Masago
- Ukiseljeni đumbir
- Wasabi
- Hrskavi prženi luk
- Klice rotkvice
- Shichimi Togarashi

UPUTE:
SHOYU MARINADA:
a) U zdjeli pomiješajte japanski soja umak, sezamovo ulje, pržene sjemenke sezama, nasjeckani zeleni luk, narezani slatki luk (po izboru) i 5 oz kockica lososa.
b) Promiješajte da se sjedini i stavite u hladnjak dok pripremate ostale sastojke.

ZAČINJENA MAJONEZA:
c) U zdjeli pomiješajte Kewpie majonezu, Sweet Chili umak, Sriracha, La-Yu čili ulje, prstohvat morske soli, nasjeckani zeleni luk. Prilagodite razinu začina prema ukusu dodavanjem još Sriracha ako želite. Dodajte 5 oz kockica lososa, promiješajte da se sjedini i stavite u hladnjak.

SKUPŠTINA:
d) Stavite rižu u dvije zdjelice za posluživanje, pospite je Furikake začinima.
e) Zdjele s rižom stavite na vrh Shoyu lososa, začinjenog Mayo lososa, krastavca, avokada, rotkvica, Edamamea i bilo kojeg drugog željenog nadjeva.

6.Kalifornijske zdjelice za bockanje imitacije rakova

SASTOJCI:
- 2 šalice riže basmati ili jasmina
- 1 pakiranje zalogaja pečenih trakica morske trave
- 1 šalica imitacije mesa rakova
- ½ manga
- ½ avokada
- ½ šalice engleskog krastavca
- ¼ šalice jalapena, narezanog na kockice
- 4 žlice ljute majoneze
- 3 žlice rižinog octa
- 2 žlice glazure od balzama
- 1 žlica sjemenki sezama

UPUTE:
a) Skuhajte rižu prema uputama na pakiranju. Kad je kuhano, umiješajte rižin ocat i stavite u zdjelu.
b) Mango i povrće narežite na vrlo sitne kockice. Jalapeno narežite na ploške za pikantnu hrskavost. Posložite ih na vrh riže.
c) U zdjelu dodajte sitno narezanu imitaciju mesa rakova.
d) Pokapajte začinjenu majonezu i glazuru od balzama preko zdjele za dodatni okus. Po vrhu stavite sjemenke sezama i trakice morske trave.
e) Uživati!

7. Začinjene zdjelice od rakova

SASTOJCI:
RIŽA ZA SUSHI:
- 1 šalica sushi riže kratkog zrna
- 2 žlice rižinog octa
- 1 žličica šećera

BOCNUTI ZDJELAUMAK:
- 1 žlica smeđeg šećera
- 3 žlice mirina
- 2 žlice rižinog octa
- 3 žlice soja umaka
- ¼ žličice kukuruznog škroba

ZAČINJENA SALATA OD RAKOVA:
- 8 unci imitacije mesa rakova, isjeckanog ili nasjeckanog
- ⅓ šalice majoneze (u japanskom stilu ako postoji)
- 2 žlice sriracha, više ili manje po ukusu

ZDJELICE ZA BOCKANJE (KORISTITE BILO KOJE KOJE ŽELITE):
- Salata od morskih algi
- Narezani mladi luk
- Narezani krastavci
- Julienned mrkve
- Avokado izrezan na kocke
- Listovi svježeg špinata
- Ukiseljeni daikon ili drugi japanski kiseli krastavci
- sezamovo ulje
- sezam

UPUTE:
PRIPREMITE SUSHI RIŽU:
a) Skuhajte sushi rižu prema uputama na pakiranju. Kad je kuhano, pospite rižinim octom i šećerom. Lagano promiješajte da se sjedini. Pustite da se riža malo ohladi.

NAPRAVITE BOCNUTI ZDJELAUMAK:
b) Pomiješajte smeđi šećer, mirin, rižin ocat, sojin umak i kukuruzni škrob u hladnoj tavi. Umak zagrijte na srednje jakoj vatri, pustite da prokuha i pustite da se kuha jednu minutu. Miješajte tijekom ovog procesa. Ugasite vatru i pustite da se umak ohladi dok pripremate ostale sastojke za zdjelu.

PRIPREMITE ZAČINJENU SALATU OD RAKOVA:
c) U zdjeli pomiješajte imitaciju mesa rakova, majonezu i srirachu. Prilagodite srirachu ili majonezu po svom ukusu.
d) Stavite u hladnjak do upotrebe.

SASTAVITE BOCNUTI ZDJELICE:
e) Napravite temeljac od riže i/ili svježeg špinata u plitkim posudama. Prelijte začinjenim rakovima i dodatnim dodacima po izboru.
f) Složene zdjelice prelijte pripremljenim bocnuti umakom. Dodajte malo sezamovog ulja i pospite sezamovim sjemenkama za dodatni okus.
g) Poslužite odmah s hladnim sastojcima na toploj riži. Uživajte u prekrasnoj mješavini začinjene rakovice, riže za sushi i slatkog umaka od soje!

8. Kremaste zdjelice za pečenje od kozica Sriracha

SASTOJCI:
ZA BOCNUTI ZDJELAS:
- 1 lb kuhanih škampa
- 1 list nori, izrezan na trakice
- 1 avokado, narezan
- 1 paket salate od algi
- 1/2 crvene paprike, narezane na kockice
- 1/2 šalice crvenog kupusa, tanko narezanog
- 1/3 šalice cilantra, sitno nasjeckanog
- 2 žlice sjemenki sezama
- 2 žlice wonton trakica

ZA SUSHI RIŽU:
- 1 šalica kuhane sushi riže (oko 1/2 šalice suhe – pogledajte pakiranje za količinu vode, obično 1 1/2 šalice)
- 2 žlice šećera
- 2 žlice rižinog vinskog octa

ZA KREMASTI SRIRACHA UMAK:
- 1 žlica sriracha
- 1/2 šalice kiselog vrhnja

ZA KUKURUZ LIMUNSKE TRAVE:
- 1/2 šalice kukuruza
- 1/2 stabljike limunske trave, tanko narezane
- 1 režanj češnjaka, samljeven
- 1 žlica soja umaka

UPUTE:
PRIPREMITE SUSHI RIŽU:
a) Skuhajte sushi rižu u kuhalu za rižu ili prema uputama na pakiranju. Kad završite s kuhanjem, dodajte šećer i rižin ocat, pomiješajte.

Kremasti Sriracha umak:
b) Pomiješajte srirachu i kiselo vrhnje. U ovaj umak ubacite škampe. Upotrijebite prethodno kuhane škampe ili odmrznite smrznute sirove škampe i kuhajte ih u vodi 2-3 minute.

Kukuruz limunske trave:
c) Kukuruz, sojin umak, češnjak i limunsku travu miješajući pržite na srednje jakoj vatri 5-6 minuta dok ne pokuhaju.

SASTAVITE BOCNUTI ZDJELICE:
d) Dodajte rižu za sushi u svaku zdjelu, zatim naslažite škampima i svim ostalim dodacima, uključujući nori trakice, ploške avokada, salatu od morskih algi, crvenu papriku narezanu na kockice, crveni kupus narezan na tanke ploške, cilantro, sjemenke sezama i trakice wontona.
e) Sve zajedno pomiješajte u zdjeli, pazeći da su kremasti škampi obloženi srirachom ravnomjerno raspoređeni.

9.Zdjela za bockanje ribe i wasabija

SASTOJCI:
ZA RIBE:
- 1 file lososa ili tune (provjerite da je sashimi/sushi stupanj - siguran za konzumiranje sirov!) ili koristite dimljeni losos, kuhanu piletinu, škampe itd.
- ⅓ šalice kokosovih aminokiselina
- ¼ šalice odgovarajućeg soka od naranče
- Popustljiv Wasabi
- 1 paket (2 žlice) Tessemae's Avocado Ranch Dressing

ZA ZDJELU:
- Riža od cvjetače (kuhana ili sirova)
- Krastavac narezan na kockice
- Mango narezan na kockice
- Ananas narezan na kockice
- Crveni luk narezan na kockice
- Zeleni luk
- Narezana mrkva
- Snap Peas
- Mogućnosti i svestranost su beskrajne!

UPUTE:
PRIPREMITE RIBU:
a) Filetirajte ribu ako već nije gotova.
b) Ribu narežite na male kockice.

NAPRAVITE MARINADU:
c) U maloj posudi pomiješajte kokosove aminokiseline, sok od naranče, wasabi i Tessemae's Avocado Ranch dressing.
d) U ovoj smjesi marinirajte kockice ribe 10-15 minuta.
Sastavite zdjelu:
e) Koristite što više ili što manje voća i povrća koliko želite. To je tvoja posuda za bockanje!
f) U zdjeli pomiješajte rižu cvjetaču, krastavac narezan na kockice, mango narezan na kockice, ananas narezan na kockice, crveni luk narezan na kockice, zeleni luk, narezanu mrkvu i grašak.
g) Nježno stavite marinirane kockice ribe na sastavljeno povrće i rižu od cvjetače.

10. Keto Začinjeno Ahi Tuna Bocnuti Zdjela

SASTOJCI:
- 1 funta Ahi Tuna Bocnuti Kit od Vital Choice
- 1 serija azijske slatke i začinjene majoneze (recept ispod)

IZBORNI DODACI I UKRASI:
- Riža od cvjetače
- Riža bez ugljikohidrata
- Organski oljušteni edamame
- Rendani kupus
- Naribana mrkva
- Fermentirana mrkva
- Marinirane gljive
- slatki luk
- Avokado
- Narezani mladi luk
- Sjemenke crnog sezama
- Krastavac
- rotkvice
- Korijander

UPUTE:
PRIPREMITE AZIJSKI SLATKI I LJUTI MAJONES:
a) U maloj zdjeli napravite dio azijske slatke i ljute majoneze prema priloženom receptu. Staviti na stranu.

SASTAVITE BOCNUTI ZDJELA:
b) Rasporedite izborne nadjeve i ukrase po vlastitom izboru u zdjelu.
c) Stavite kockice tunjevine za sushi (iz Ahi Tuna Bocnuti Kit) preko posloženih sastojaka u zdjeli.
d) Prelijte azijski slatki i ljuti majo umak po vrhu zdjele za bocnuti.

11. Losos i Kimchi s Mayo Bocnuti om

SASTOJCI:

- 2 žličice umak od soje
- 1 žličica naribani svježi đumbir
- 1/2 žličice sitno mljeveni češnjak
- komade od 3/4 inča
- 1 žličica prženo sezamovo ulje
- 1/2 c. nasjeckani kimchi
- 1/2 c. tanko narezan mladi luk (samo zeleni dijelovi)
- Posolite po ukusu

UPUTE:

a) U maloj zdjeli pomiješajte soja umak, đumbir i češnjak. Promiješajte i ostavite đumbir i češnjak oko 5 minuta da se omekšaju.

b) U srednjoj zdjeli pomiješajte losos sa sezamovim uljem dok ne bude ravnomjerno obložen - to će spriječiti da kiselost kimchija "skuha" ribu. Dodajte kimchi, mladi luk i mješavinu soja umaka.

c) Nježno miješajte dok se potpuno ne izmiješa. Kušajte i dodajte soli po potrebi; ako je vaš kimchi već dobro začinjen, možda vam neće trebati sol.

d) Poslužite odmah ili čvrsto poklopite i ostavite u hladnjaku do jedan dan. Ako pustite bocnuti da se marinira, ponovno ga kušajte neposredno prije posluživanja; možda ćete ga trebati začiniti prstohvatom soli.

12.Kimchi losos bocnuti

SASTOJCI:
- 2 žličice umak od soje
- 1 žličica naribani svježi đumbir
- 1/2 žličice sitno mljeveni češnjak
- komade od 3/4 inča
- 1 žličica prženo sezamovo ulje
- 1/2 c. nasjeckani kimchi
- 1/2 c. tanko narezan mladi luk (samo zeleni dijelovi)
- Posolite po ukusu

UPUTE:
a) U maloj posudi pomiješajte soja umak, naribani svježi đumbir i nasjeckani češnjak. Promiješajte i ostavite đumbir i češnjak oko 5 minuta da se omekšaju.
b) U srednjoj zdjeli pomiješajte losos s prepečenim sezamovim uljem dok se ravnomjerno ne prekrije. To sprječava da kiselost u kimchiju "skuha" ribu.
c) U zdjelu s lososom dodajte nasjeckani kimchi, mladi luk narezan na tanke ploške i mješavinu soja umaka. Nježno miješajte dok se potpuno ne izmiješa.
d) Kušajte bocnuti t i dodajte soli po potrebi. Ako je kimchi već dobro začinjen, možda vam neće trebati dodatna sol.
e) Poslužite odmah ili čvrsto poklopite i ostavite u hladnjaku do jedan dan. Ako marinirate, ponovno kušajte neposredno prije posluživanja i po potrebi dosolite.

13. Pečene zdjelice od tunjevine

SASTOJCI:

ZA BOCNUTI
- 1 funta Irresistibles pečena tuna i Tataki
- Kuhana bijela riža za posluživanje uz bocnuti

ZA MARINADU
- ¼ šalice slatkog luka, tanko narezanog
- 1 mladi mladi luk, narezan na kockice (oko ¼ šalice) plus još za ukras
- 2 češnja češnjaka, mljevena
- 2 žličice sjemenki crnog sezama, prženih i još za ukrašavanje
- 2 žličice indijskih oraščića (prženih i neslanih), nasjeckanih i tostiranih
- 1 nasjeckani crveni čili plus još za ukras
- 3 žlice soja umaka
- 2 žlice sezamovog ulja
- 2 žličice rižinog octa
- 1 žličica soka od limete
- 1 žlica sriracha plus još za posluživanje
- ¼ žličice morske soli
- ½ žličice pahuljica crvene paprike (po želji)

DODATNE OPCIJE ZA UKRAŠAVANJE
- Narezani krastavac
- Narezane rotkvice
- Narezani kupus
- Pahuljice morske trave
- Nasjeckani avokado
- Edamame

UPUTE:
a) Pomiješajte sve sastojke za marinadu u velikoj zdjeli i dodajte pržene kriške tune i lagano promiješajte da se prekriju.
b) Pokrijte i ostavite u hladnjaku 10-30 minuta.
c) Izvadite iz hladnjaka i poslužite preko sloja bijele riže zajedno s bilo kojim ukrasima po želji i ljutim umakom/sriracha sa strane.

14. Zdjela za bockanje lososa i manga

SASTOJCI:
- 1 lb lososa za sushi, narezan na kockice
- 1/4 šalice soja umaka
- 1 žlica sezamovog ulja
- 1 žlica soka limete
- 1 žličica sriracha (po želji za zagrijavanje)
- 1 mango, oguljen i narezan na kockice
- 1/2 crvenog luka sitno narezanog
- 1 šalica edamamea, kuhanog na pari
- 2 šalice kuhane kvinoje
- Svježi cilantro za ukras

UPUTE:
a) U posudi pomiješajte sojin umak, sezamovo ulje, sok limete i srirachu.
b) Ulijte losos u marinadu i ostavite u hladnjaku najmanje 30 minuta.
c) Sastavite zdjelice s kvinojom kao podlogom.
d) Povrh stavite marinirani losos, mango narezan na kockice, narezani crveni luk i edamame kuhan na pari.
e) Ukrasite svježim cilantrom i poslužite.

15.Zdjela za bockanje škampi i ananasa

SASTOJCI:
- 1 lb velikih škampa, oguljenih i očišćenih
- 1/4 šalice soja umaka
- 2 žlice soka od ananasa
- 1 žlica rižinog octa
- 1 žličica meda
- 1 šalica ananasa narezanog na kockice
- 1 crvena paprika, tanko narezana
- 1/4 šalice nasjeckanog mladog luka
- 2 šalice kuhane smeđe riže
- Mljevena crvena paprika za ukras

UPUTE:
a) Pomiješajte sojin umak, sok od ananasa, rižin ocat i med kako biste napravili marinadu.
b) U marinadu ubacite škampe i ostavite u hladnjaku 20-30 minuta.
c) Kuhajte škampe u tavi dok ne porumene i postanu neprozirni.
d) Napravite zdjelice sa smeđom rižom kao bazom.
e) Na vrh stavite kuhane škampe, ananas narezan na kockice, narezanu crvenu papriku i mladi luk.
f) Ukrasite mljevenom crvenom paprikom i poslužite.

16.Zdjela za bockanje hobotnice i algi

SASTOJCI:
- 1 lb hobotnice, kuhane i narezane
- 1/4 šalice soja umaka
- 2 žlice mirina
- 1 žlica sezamovog ulja
- 1 žličica ribanog češnjaka
- 1 šalica wakame alge, rehidrirane
- 1 rotkvica, tanko narezana
- 2 šalice kuhane sushi riže
- Nori trake za ukrašavanje

UPUTE:
a) Umiješajte soja umak, mirin, sezamovo ulje i naribani češnjak za marinadu.
b) Narezanu hobotnicu ubacite u marinadu i ostavite u hladnjaku najmanje 30 minuta.
c) Posložite zdjelice sa sushi rižom kao podlogom.
d) Povrh stavite mariniranu hobotnicu, rehidrirane alge wakame i narezane rotkvice.
e) Ukrasite nori trakicama i poslužite.

17. Žutorepi Bocnuti Zdjela

SASTOJCI:
- 1 lb žutog repa (hamachi), narezanog na kockice
- 1/4 šalice ponzu umaka
- 1 žlica sezamovog ulja
- 1 žličica svježeg soka limete
- 1 žličica wasabi paste (po želji)
- 1 šalica jicama, julienned
- 1 šalica krastavca, narezanog na ploške
- 2 šalice sushi riže
- Kriške avokada za ukras
- Sjeckani cilantro za ukras

UPUTE:
a) U zdjeli pomiješajte ponzu umak, sezamovo ulje, sok limete i wasabi pastu.
b) U marinadu ubacite kockice žutog repa i ostavite u hladnjaku najmanje 30 minuta.
c) Napravite zdjelice s rižom za sushi kao podlogom.
d) Povrh stavite mariniran žuti rep, jicama, krastavce i kriške avokada.
e) Ukrasite nasjeckanim cilantrom i poslužite.

18. Zdjela za bockanje od školjki i manga

SASTOJCI:
- 1 lb svježih jakobovih kapica, prepolovljenih
- 1/4 šalice kokosovih aminokiselina (ili sojinog umaka)
- 1 žlica rižinog octa
- 1 žlica meda
- 1 mango, oguljen i narezan na kockice
- 1 crveni čili, tanko narezan
- 1 šalica nasjeckanog kupusa
- 2 šalice riže od jasmina, kuhane
- Tostirane sjemenke sezama za ukras

UPUTE:
a) Pomiješajte kokosove aminokiseline, rižin ocat i med za marinadu.
b) Jakobove kapice prelijte marinadom i ostavite u hladnjaku 20-30 minuta.
c) Sastavite zdjelice s jasmin rižom kao bazom.
d) Povrh stavite marinirane jakobove kapice, kockice manga, narezani crveni čili i nasjeckani kupus.
e) Ukrasite prženim sezamom i poslužite.

19.Zdjela za bockanje rakova i avokada

SASTOJCI:
- 1 lb grudice mesa rakova
- 1/4 šalice majoneze
- 1 žlica sriracha
- 1 žlica soka limete
- 1/2 crvenog luka, sitno nasjeckanog
- 1 šalica cherry rajčica, prepolovljenih
- 1 avokado, narezan
- kuhane kvinoje
- Svježi cilantro za ukras

UPUTE:
a) U zdjeli pomiješajte majonezu, srirachu i sok limete da napravite preljev.
b) Meso rakovice pomiješajte s preljevom i nasjeckanim crvenim lukom. Stavite u hladnjak na 15-20 minuta.
c) Napravite zdjelice s kuhanom kvinojom kao podlogom.
d) Na vrh stavite mješavinu rakova, cherry rajčice i kriške avokada.
e) Ukrasite svježim cilantrom i poslužite.

20.Začinjena posuda od tune i rotkvica

SASTOJCI:
- 1 lb tunjevine za sushi, narezane na kockice
- 2 žlice gochujanga (pasta od korejske crvene paprike)
- 1 žlica soja umaka
- 1 žlica sezamovog ulja
- 1 žličica rižinog octa
- 1 šalica daikon rotkvice, julienned
- 1 šalica graška, narezanog na ploške
- 2 šalice smeđe riže, kuhane
- Zeleni luk za ukras

UPUTE:
a) Pomiješajte gochujang, sojin umak, sezamovo ulje i rižin ocat da napravite pikantni umak.
b) U pikantni umak ubacite tunjevinu narezanu na kockice i ostavite u hladnjaku 30 minuta.
c) Sastavite zdjelice sa smeđom rižom kao podlogom.
d) Povrh stavite mariniranu tunu, juliened daikon rotkvicu i narezani grašak.
e) Ukrasite nasjeckanim zelenim lukom i poslužite.

21.Zdjela za pečenje od dimljenog lososa i šparoga

SASTOJCI:
- 1 lb dimljenog lososa, u listićima
- 1/4 šalice soja umaka
- 2 žlice mirina
- 1 žlica ukiseljenog đumbira, mljevenog
- 1 vezica blanširanih i narezanih šparoga
- 1 šalica cherry rajčica, prepolovljenih
- 2 šalice divlje riže, kuhane
- Kriške limuna za ukras

UPUTE:
a) Pomiješajte sojin umak, mirin i mljeveni ukiseljeni đumbir za marinadu.
b) Ubacite dimljeni losos u marinadu i ostavite u hladnjaku 15-20 minuta.
c) Napravite zdjelice s kuhanom divljom rižom kao podlogom.
d) Povrh stavite marinirani dimljeni losos, narezane šparoge i cherry rajčice.
e) Ukrasite kriškama limuna i poslužite.

22. Zdjela za bockanje od sabljarke marinirane u misu

SASTOJCI:
- 1 lb sabljarke, narezane na kocke
- 2 žlice bijele miso paste
- 1 žlica soja umaka
- 1 žlica rižinog octa
- 1 žličica sezamovog ulja
- 1 šalica rotkvica, tanko narezanih
- 1 šalica krastavca, narezanog na kockice
- 2 šalice sushi riže
- Isjeckani nori za ukras

UPUTE:
a) U zdjeli pomiješajte miso pastu, sojin umak, rižin ocat i sezamovo ulje.
b) Marinirajte sabljarku u smjesi najmanje 30 minuta.
c) Napravite zdjelice s rižom za sushi kao podlogom.
d) Povrh stavite mariniranu sabljarku, narezane rotkvice i krastavce narezane na kockice.
e) Ukrasite nasjeckanim norijem i poslužite.

23. Zdjela za bockanje jastoga i avokada

SASTOJCI:
- 1 lb kuhanog mesa jastoga, nasjeckanog
- 1/4 šalice ponzu umaka
- 1 žlica meda
- 1 žličica svježeg đumbira, naribanog
- 1 avokado, narezan na kockice
- 1 šalica manga, narezanog na kockice
- 2 šalice riže od jasmina, kuhane
- Nasjeckani vlasac za ukras

UPUTE:
a) U posudi pomiješajte ponzu umak, med i naribani đumbir.
b) Nasjeckano meso jastoga stavite u marinadu i ostavite u hladnjaku 20 minuta.
c) Sastavite zdjelice s jasmin rižom kao bazom.
d) Na vrh stavite mariniranog jastoga, avokado narezan na kockice i mango.
e) Ukrasite nasjeckanim vlascem i poslužite.

24. Zdjela za bockanje od tune i lubenice

SASTOJCI:
- 1 lb tune za sushi, narezane na kocke
- 1/4 šalice kokosovih aminokiselina (ili sojinog umaka)
- 2 žlice soka od limete
- 1 žlica sezamovog ulja
- 2 šalice lubenice, narezane na kockice
- 1 šalica krastavca, narezanog na ploške
- 2 šalice smeđe riže, kuhane
- Listići mente za ukrašavanje

UPUTE:

a) Pomiješajte kokosove aminokiseline, sok limete i sezamovo ulje za marinadu.
b) Ulijte tunjevinu u marinadu i ostavite u hladnjaku 30 minuta.
c) Napravite zdjelice s kuhanom smeđom rižom kao bazom.
d) Na vrh stavite mariniranu tunu, lubenicu narezanu na kockice i krastavac narezan na ploške.
e) Ukrasite listićima svježe mente i poslužite.

25. Mekana školjkaCrab Bocnuti zdjela

SASTOJCI:
- 4 račića s mekim oklopom, očišćena
- 1/4 šalice majoneze
- 1 žlica sriracha
- 1 žlica soka limete
- 1 šalica narezane zelene salate
- nasjeckanog radiča
- 2 šalice sushi riže
- Sezamove sjemenke za ukras

UPUTE:
a) U zdjeli pomiješajte majonezu, srirachu i sok od limete da napravite umak.
b) Rakove s mekim oklopima premažite umakom i pržite u tavi dok ne postanu hrskavi.
c) Napravite zdjelice s rižom za sushi kao podlogom.
d) Povrh stavite narezanu zelenu salatu, nasjeckani radič i hrskave rakove s mekim oklopima.
e) Ukrasite sezamom i poslužite.

26. Mahi-Mahi na žaru i zdjela za bockanje ananasa

SASTOJCI:
- 1 lb mahi-mahi fileta, pečenih na žaru i u ljuskicama
- 1/4 šalice teriyaki umaka
- 1 žlica soka limete
- 1 žličica meda
- 1 šalica ananasa, narezanog na kockice
- 1 šalica crvene paprike, narezane na ploške
- 2 šalice basmati riže, kuhane
- Sjeckani cilantro za ukras

UPUTE:
a) Pomiješajte teriyaki umak, sok od limete i med za marinadu.
b) Pečeni mahi-mahi prelijte marinadom i ostavite u hladnjaku 20 minuta.
c) Sastavite zdjelice s kuhanom basmati rižom kao podlogom.
d) Povrh stavite mahi-mahi u listićima, ananas narezan na kockice i narezanu crvenu papriku.
e) Ukrasite nasjeckanim cilantrom i poslužite.

VEGETARIJANSKE BOCNUTI ZDJELICE

27.Zdjela za pečenje od tofua i povrća

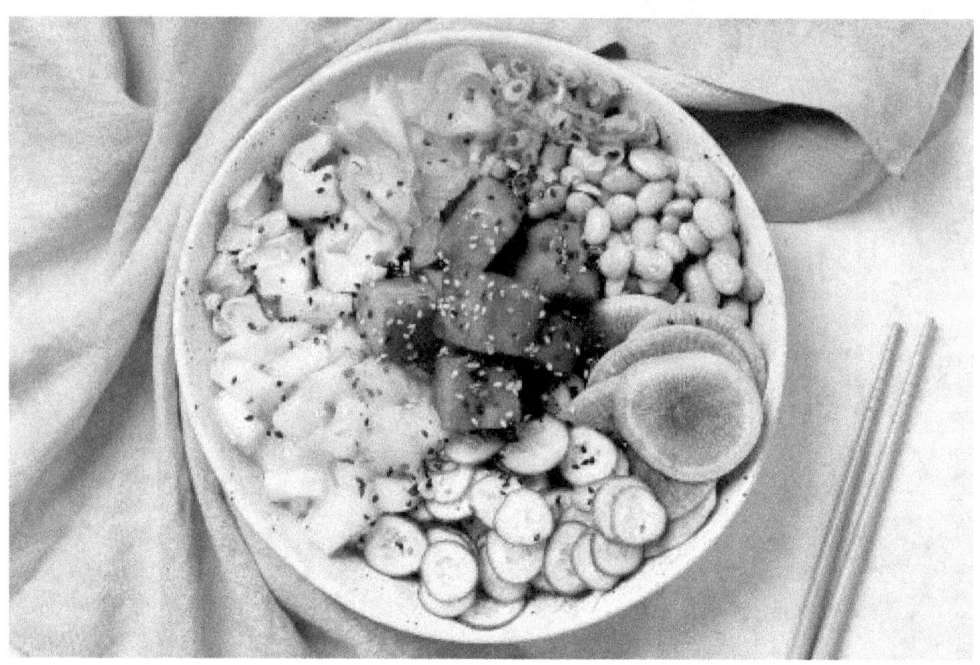

SASTOJCI:
- 1 blok čvrstog tofua, narezan na kockice
- 1/4 šalice soja umaka
- 2 žlice rižinog octa
- 1 žlica sezamovog ulja
- 1 žličica agavinog sirupa ili meda
- 1 šalica cherry rajčica, prepolovljenih
- 1 paprika, narezana na kockice
- 1 mrkva, julienned
- 2 šalice kuhane smeđe riže
- Sezamove sjemenke za ukras

UPUTE:
a) Pomiješajte sojin umak, rižin ocat, sezamovo ulje i agavin sirup da napravite marinadu.
b) Kockice tofua stavite u marinadu i ostavite u hladnjaku 30 minuta.
c) Marinirani tofu pirjajte u tavi dok ne porumeni.
d) Sastavite zdjelice sa smeđom rižom kao podlogom.
e) Povrh stavite pirjani tofu, cherry rajčice, papriku narezanu na kockice i julienned mrkvu.
f) Ukrasite sezamom i poslužite.

28. Tempeh Bocnuti zdjela

SASTOJCI:
- 200 g kuhane smeđe riže ili kvinoje
- 70 g tempeha/tofua ili gljiva
- ½ malog crvenog čilija
- 1 mali češanj češnjaka
- Mali komad svježeg đumbira
- 2 mala luka/mladi luk
- 1 žlica tamarija
- 35 g smrznutog edamame graha ili graška
- 1 mala mrkva
- 1 zreli avokado
- ½ svježeg manga

UKRASITI:
- Tostirane sjemenke sezama
- 1 limeta ili ½ limuna

UPUTE:
a) Skuhajte rižu ili kvinoju prema uputama na pakiranju ili upotrijebite prethodno skuhano pakiranje.
b) Ulijte kipuću vodu u zdjelu da prekrije i odmrznite smrznuti edamame/grašak.
c) Nasjeckajte tempeh/tofu ili gljive na komadiće veličine zalogaja. Češnjak, mladi luk, đumbir i čili sitno nasjeckajte.
d) Na jakoj vatri zagrijte tavu koja se ne lijepi srednje veličine. Dodajte češnjak, đumbir, čili i mladi luk. Smanjite vatru na srednju i kuhajte 3 minute uz povremeno miješanje. Dodajte tempeh/tofu ili gljive i kuhajte 3-4 minute. Dodajte tamari i kuhajte još 1 minutu dok se tamari ne reducira. Držite tempeh/tofu u pokretu da se peče sa svih strana. Staviti na stranu.
e) Narežite avokado na željenu debljinu.
f) Mango ogulite i narežite na kockice.
g) Ogulite mrkvu i gulilicom oblikujte dugačke tanke trake.
h) Ocijedite edamame/grašak.

SASTAVITE BOCNUTI ZDJELA:
i) Podijelite rižu/quinou u dvije zdjele. Isto napravite s tempehom/tofuom ili šampinjonima, ostavljajući prostora za ostale komponente.
j) Dodajte avokado, mrkvu, edamame/grašak i mango između posuda.
k) Ukrasite tostiranim sjemenkama sezama i svježim sokom limete ili limuna.

29.Zdjela od gljiva prekrivena sezamom

SASTOJCI:
- 2 žlice bijelog sezama
- 1 žlica sjemenki crne nigele
- 1/3 šalice panko krušnih mrvica
- 1 jaje
- 1 žlica mlijeka
- 200 g šampinjona
- 1 vezica brokule
- 1/3 šalice smrznutih edamame graha, odmrznutih
- 1 šalica kuhane smeđe riže
- 1 avokado, narezan
- ¾ šalice crvenog kupusa, tanko narezanog
- 1 manji krastavac, narezan na tanke ploške
- 4 rotkvice, tanko narezane
- 2 mlada luka, tanko narezana (za posluživanje)
- Ukiseljeni đumbir (za posluživanje)

ZAVOJ:
- 1 žličica bijele miso paste
- 3 žlice mirina
- 1 žličica maslaca od kikirikija
- 3 žličice ekstra djevičanskog maslinovog ulja

UPUTE:
a) U velikoj zdjeli pomiješajte sjemenke sezama, sjemenke nigelle, krušne mrvice i prstohvat morske soli.
b) U drugoj zdjeli umutite jaje i mlijeko.
c) Umočite gljive u smjesu od jaja, zatim ih uvaljajte u smjesu od mrvica da se ravnomjerno prekriju.
d) Zagrijte 2 žlice maslinovog ulja u velikoj neprianjajućoj tavi na srednje jakoj vatri.
e) Radeći u serijama, kuhajte gljive 5 minuta ili dok vanjske mrvice ne postanu hrskave i zlatno smeđe.
f) Prebacite na tanjur obložen papirnatim ručnicima da upiju višak ulja.
g) Zakuhajte veliki lonac s vodom. Dodajte brokulu i edamame, kuhajte 1 minutu ili dok brokula ne bude kuhana, ali još uvijek hrskava, a edamame svijetlo zelene boje. Ocijedite i ostavite sa strane.

PRIPREMITE PRELJEV:
h) U malom vrču pomiješajte sve sastojke za preljev, dobro promiješajte da se grudice miso paste otope.

SASTAVITE ZDJELU:
i) Podijelite smeđu rižu u dvije zdjele za posluživanje.
j) Rasporedite avokado, kupus, krastavac, rotkvicu i kuhano povrće na vrh riže i oko stijenki zdjele.
k) Na vrh stavite izmrvljene gljive.
l) Pospite mladim lukom, prelijte preljevom i ukrasite ukiseljenim đumbirom.
m) Uživajte u zdravoj i hrskavoj zdjeli s gljivama prekrivenom sezamom!

30. Zdjelice od lubenice s Tamari preljevom

SASTOJCI:
- 1 1/2 šalice smeđe riže (nekuhane)
- 3 šalice vode
- 1 lb lubenice
- 2 breskve
- 1 rajčica (žuta ili crvena)
- 1 avokado
- 2 zelena luka (sitno nasjeckana)
- 1/4 šalice svježe mente (sitno nasjeckane)

PRELJEV OD CITRUS TAMARI:
- 2 limuna (u soku)
- 1/2 žličice svježeg i naribanog đumbira
- 1 1/2 žličica tamarija
- 1 1/2 žličice javorovog sirupa
- 1 žlica sezamovog ulja (ili maslinovog ulja)

UPUTE:
a) U lonac dodajte smeđu rižu i vodu. Pustite da prokuha, zatim smanjite vatru i kuhajte rižu 30 minuta ili prema uputama na pakiranju. Maknite s vatre, promiješajte drvenom kuhačom, pokrijte lonac kuhinjskom krpom i pričvrstite ga poklopcem dok ne budete spremni za posluživanje.

b) Pomoću kuglice za dinju izgrabite lubenicu u okrugle kuglice ili narežite na kockice veličine zalogaja. Dodajte u veliku zdjelu za miješanje.

c) Nasjeckajte breskve, rajčicu i avokado na komadiće veličine zalogaja i dodajte u zdjelu. Luk i svježu metvicu sitno nasjeckajte, pa dodajte u zdjelu. Lagano izmiješajte sastojke rukama da se sjedine.

d) U posebnu zdjelu dodajte sok od dva limuna, svježe naribani đumbir, tamari, javorov sirup i sezamovo ulje. Umutiti da se sjedini.

e) Prelijte smjesu za bocnuti od lubenice s dovoljno preljeva da se lagano prekrije, a ostatak ostavite za posluživanje.

f) Zagrabite rižu u zdjelice i na vrh stavite košticu lubenice. Prelijte preostalim Citrus Tamari preljevom.

g) Uživajte u svojim svježim i čistim zdjelicama za pečenje lubenice!

31. Zdjela za bockanje tofua generala Tsoa

SASTOJCI:
UPORIŠTE
- 2 šalice kuhane kalroze riža

POVRĆE
- 10 cherry rajčica, prerezanih na pola ili trećine
- 2-3 male rotkvice, tanko narezane
- 1 srednja mrkva, narezana na tanke ploške
- 1 libanonski krastavac, narezan na tanke ploške
- 1 šalica smrznutog edamamea s ljuskom, odmrznutog i ocijeđenog
- 1/2 šalice ukiseljenog crvenog luka
- 1 avokado, oguljen, bez koštica i narezan na ploške

ZA TOFU GENERALA TSO-a
- 1/2 funte čvrstog tofua, narezanog na kockice
- 2 žlice škroba tapioke (ili kukuruznog škroba)
- 2-3 žlice avokadovog ulja za kuhanje

ZA UMAK
- 3/4 šalice vode
- 2 žlice kečapa
- 2 žlice octa od smeđe riže
- 2 žlice čistog javorovog sirupa
- 2 žlice tamarija
- 1 žlica prženog sezamovog ulja
- 1 žličica sriracha
- 1/4 žličice mljevenog đumbira
- 1/8 žličice pet kineskih začina
- 2 češnja češnjaka, mljevena

GARNIRATI
- Crno-bijele sjemenke sezama

UPUTE:
a) Skuhajte rižu (ili drugu žitaricu po izboru) prema uputama na pakiranju ili na svoj omiljeni način.
b) U međuvremenu pripremite svoje povrće, ali pričekajte do samog kraja da ogulite i narežete avokado, kako ne bi potamnio.
c) Narežite tofu na kockice veličine zalogaja i stavite ih u zdjelu srednje veličine, zajedno sa škrobom tapioke; miješajte dok tofu ne bude potpuno i ravnomjerno obložen.
d) U posebnoj zdjeli pomiješajte sastojke za umak i snažno miješajte dok se dobro ne sjedine.
e) Zagrijte nekoliko žlica ulja avokada u velikoj tavi ili woku na srednje jakoj vatri. Kad se zagrije, pažljivo dodajte kockice tofua i pržite dok ne porumene i hrskaju sa svih strana, oko 5 minuta.
f) Dodajte umak u tavu i pustite da se kuha dok se ne reducira i zgusne, oko 3 minute, a zatim maknite s vatre.
g) Sastavite zdjelice za bocnuti : Podijelite rižu (ili bilo koje zrno koje ste odabrali) u 2 prilično velike zdjele. Rasporedite pripremljeno povrće oko zdjele na vrh riže, a zatim žlicom zalijte tofu General Tso točno u sredinu.
h) Po želji ukrasite sezamom i poslužite bez odlaganja!

32. Poké zdjela sa sashimijem od rajčice

SASTOJCI:
- 15 g hrskavog luka
- 160 g blanširanog edamame graha
- 150 g sushi riže
- 5 g wasabi paste
- 1 mladi luk
- 45g bez majoneze
- 15 ml rižinog octa
- 15 ml mirina
- 5 g sjemenki crnog sezama
- 150 g proljetnog zeleniša
- 125g sezonskih rotkvica
- 3 rajčice
- 15 ml tamari soja umaka
- Sol, šećer, biljno ulje

UPUTE:
a) Zagrijte pećnicu na 220°C/200°C (ventilator)/plin 7.
b) Rižu za sushi isperite u cjedilu pod hladnom tekućom vodom 30 sekundi. Ostavite sa strane da se potpuno ocijedi.
c) U lonac s poklopcem dodajte ocijeđenu rižu s 200 ml hladne vode i obilnim prstohvatom soli. Pustite da lagano prokuha, a zatim smanjite vatru na najnižu dok ne počne vrlo lagano mjehurića. Kuhajte poklopljeno 15 min.
d) Nakon 15 minuta maknite lonac s vatre i ostavite poklopljeno još 10 minuta prije posluživanja – ovo je vaša ljepljiva riža.
e) Zakuhajte čajnik.
f) Lagano zarežite križ u dnu rajčica i dodajte ih u veliku zdjelu otpornu na toplinu.
g) Prelijte rajčice prokuhanom vodom dok potpuno ne budu potopljene i ostavite sa strane za kasnije.
h) Rotkvice sitno narežite. Dodajte ih u zdjelu s polovicom rižinog octa i prstohvatom šećera. Ostavite sa strane da se ukiseli – ovo su vaše brzo ukiseljene rotkvice.
i) Mladi luk (lukove) narežite, zatim nasjeckajte na kolutiće.
j) Svaku palicu uzdužno narežite na 4 dijela - ovo je vaš nasjeckani mladi luk.
k) Otrgnite lišće s proljetnog zelenila, odbacite žilave stabljike.

l) Listove redati jedan preko drugog, zarolati i sitno narezati.
m) U veliki lim za pečenje dodajte nasjeckano proljetno zelje. Pospite obilnim prstohvatom soli, 1 žličicom šećera i velikom kapljicom biljnog ulja.
n) Stavite pleh u pećnicu na 8-10 min ili dok ne postane hrskav – ovo je vaša hrskava 'morska trava'.
o) Namočene rajčice ocijedite, pa im skinite kožicu, počevši od križa.
p) Narežite rajčice na četvrtine, izdubite ih i uklonite sjemenke. Na kraju ćete dobiti latice rajčice.
q) Vratite latice rajčice u zdjelu i dodajte tamari soja umak i mirin. Ostavite sa strane da se marinira – ovo je vaš sashimi od rajčice.
r) Dodajte edamame grah u zdjelu i stavite ga u mikrovalnu na 1 minutu ili dok ne postane vruće i mekano na zalogaj.
s) Pomiješajte majonezu s wasabi pastom i malo vode u zdjelici – ovo je vaša wasabi majoneza.
t) Kad je riža za sushi gotova, promiješajte preostali rižin ocat i prstohvat šećera – ovo je vaša ljepljiva riža za sushi.
u) Poslužite ljepljivu sushi rižu u zdjelicama i na vrh stavite sashimi od rajčice, kuhani edamame, brzo ukiseljene rotkvice, nasjeckani mladi luk. Hrskavu 'morsku travu' poslužite sa strane.
v) Preostalim umakom pokapajte sashimi i pokapajte wasabi majonezu po edamamu i rotkvicama.
w) Pospite preko hrskavog luka i crnog sezama.

33. Veganska zdjela za pečenje s tahini umakom

SASTOJCI:
RIŽA:
- 1 šalica jasmin riže
- 1 ½ šalice vode (360 ml)
- ½ žličice soli

TOFU:
- 1 Recept za hrskavi tofu ili slab hrskavi slanutak

POVRĆE (KORISTITE VAŠE OMILJENO):
- 1 krastavac, narezan na kockice
- 1 ½ šalice ljubičastog kupusa, nasjeckanog (135 g)
- 6-8 rotkvica, narezanih
- 3 stabljike mladog luka (po želji)
- 1 komad mrkve lox ili 2 velike julienned mrkve
- 1 šalica edamama (155 g)
- 1 avokado, narezan na kockice

TAHINI UMAK:
- ¼ šalice tahinija ili manje maslaca od kikirikija ili maslaca od indijskih oraščića
- 1 češanj češnjaka, samljeven
- 1 žličica svježeg đumbira, naribanog (po želji)
- 1 žličica miso paste (po želji)
- 1 žlica javorovog sirupa
- 1 žlica rižinog octa
- 1 žlica tamari ili soja umaka
- 1 žličica sriracha (po želji, po ukusu)
- 2-4 žlice vode do željene gustoće

ZA UKRAŠAVANJE (OPCIONALNO):
- sezam
- svježeg limuna ili limete
- jalapeňos, narezan na kriške
- svježe začinsko bilje (npr. cilantro ili tajlandski bosiljak)

UPUTE:

Riža:
a) Dodajte rižu i vodu u lonac (ili kuhalo za rižu) i zakuhajte.
b) Smanjite vatru na najnižu, poklopite i kuhajte 15 minuta dok se sva voda ne upije.
c) Maknite s vatre i ostavite da se kuha na pari 10 minuta s poklopcem.
d) Posolite, izbijte vilicom i ostavite sa strane.

Tofu:
e) U međuvremenu pripremite hrskavi tofu po ovom receptu. (Alternativno, pripremite hrskavi slanutak po ovom receptu).

Povrće:
f) Krastavac narežite na kockice, kupus narežite mandolinom, a rotkvice i mladi luk narežite na ploške.
g) Ako nemate mrkvu lox pri ruci, narežite 2 velike mrkve na vrpce pomoću gulilice za povrće ili juliennea.
h) Odmrznite edamame prema uputama na pakiranju i narežite avokado na kockice.

Tahini umak:
i) Pomiješajte sve sastojke za tahini umak u blenderu dok smjesa ne postane glatka.
j) Dodajte vodu do željene gustoće. (Alternativno, poslužite zdjelu za bocnuti s umakom od kikirikija).

SASTAVITE BOCNUTI ZDJELA:
k) Podijelite rižu u 4 zdjele.
l) Složite svo pripremljeno povrće i hrskavi tofu na rižu.
m) Na vrh stavite avokado, sjemenke sezama, jalapeños i začinsko bilje po želji.
n) Poslužite s tahini umakom i kriškama limuna ili limete sa strane.

34.Zdjela za kockanje od kvinoje i pečenog povrća

SASTOJCI:
- kuhane kvinoje
- 1 šalica cherry rajčica, prepolovljenih
- 1 tikvica, narezana na kockice
- 1 crvena paprika, narezana na ploške
- 1 šalica cvjetića brokule
- 2 žlice maslinovog ulja
- 2 žlice glazure od balzama
- Feta sir za ukras
- Listovi svježeg bosiljka za ukras

UPUTE:
a) Zagrijte pećnicu na 400°F (200°C).
b) Prelijte tikvice, crvenu papriku i brokulu maslinovim uljem i rasporedite po limu za pečenje.
c) Pecite povrće u pećnici 20-25 minuta ili dok ne omekša i lagano se karamelizira.
d) Sastavite zdjelice s kuhanom kvinojom kao podlogom.
e) Prelijte pečenim povrćem, cherry rajčicama i prelijte glazurom od balzama.
f) Ukrasite izmrvljenim feta sirom i listićima svježeg bosiljka.

35.Zdjela za bockanje od avokada i slanutka

SASTOJCI:
- 1 šalica kuhane smeđe riže
- 1 konzerva slanutka, ocijeđena i isprana
- 1 avokado, narezan
- 1 krastavac, narezan na kockice
- 1 mrkva, julienned
- 2 žlice soja umaka
- 1 žlica sezamovog ulja
- 1 žlica rižinog octa
- Sezamove sjemenke za ukras
- Nori trake za ukrašavanje

UPUTE:
a) U zdjeli pomiješajte soja umak, sezamovo ulje i rižin ocat.
b) Slanutak ubacite u smjesu soja umaka i ostavite da se marinira najmanje 15 minuta.
c) Sastavite zdjelice sa smeđom rižom kao podlogom.
d) Povrh stavite marinirani slanutak, narezani avokado, krastavce narezane na kockice i julienned mrkvu.
e) Ukrasite sjemenkama sezama i nori trakicama.

ZDJELICE ZA GOVEĐINU

36.Teriyaki posuda za bockanje od govedine

SASTOJCI:
- 1 lb goveđeg filea ili odreska s boka, tanko narezanog
- 1/4 šalice soja umaka
- 2 žlice mirina
- 1 žlica meda
- 1 žlica sezamovog ulja
- 1 žličica naribanog đumbira
- 1 režanj češnjaka, samljeven
- 2 šalice kuhane riže s jasminom
- Narezani mladi luk i sjemenke sezama za ukras

UPUTE:
a) U zdjeli pomiješajte soja umak, mirin, med, sezamovo ulje, naribani đumbir i mljeveni češnjak kako biste napravili marinadu.
b) Ubacite tanko narezanu govedinu u marinadu i ostavite u hladnjaku najmanje 30 minuta.
c) Mariniranu govedinu pržite u vrućoj tavi dok ne bude pečena po vašoj želji.
d) Sastavite zdjelice s jasmin rižom kao bazom.
e) Na vrh stavite teriyaki govedinu, narezani mladi luk i sjemenke sezama. Poslužite i uživajte!

37. Korejska zdjela za bockanje Bulgogi govedine

SASTOJCI:
- 1 lb goveđeg ribeya, tanko narezanog
- 1/4 šalice soja umaka
- 2 žlice smeđeg šećera
- 1 žlica sezamovog ulja
- 1 žlica mirina
- 2 zelena luka, narezana na ploške
- 1 mrkva, julienned
- 2 šalice kuhane smeđe riže
- Kimchi za ukras

UPUTE:
a) Pomiješajte sojin umak, smeđi šećer, sezamovo ulje i mirin da napravite marinadu.
b) U smjesi marinirajte tanko narezanu govedinu najmanje 1 sat.
c) Kuhajte mariniranu govedinu u vrućoj tavi dok se ne karamelizira i skuha.
d) Napravite zdjelice sa smeđom rižom kao bazom.
e) Na vrh stavite bulgogi govedinu, narezani mladi luk, juliened mrkvu i kimchi.

38. Tajlandska posuda s goveđim bosiljkom

SASTOJCI:
- 1 lb goveđeg filea, tanko narezanog
- 1/4 šalice soja umaka
- 2 žlice umaka od kamenica
- 1 žlica ribljeg umaka
- 1 žlica smeđeg šećera
- 1 šalica svježih listova bosiljka
- 1 crvena paprika, narezana na ploške
- 2 šalice kuhane riže s jasminom
- Mljeveni kikiriki za ukras

UPUTE:
a) Pomiješajte sojin umak, umak od kamenica, riblji umak i smeđi šećer kako biste napravili marinadu.
b) U smjesi marinirajte tanko narezanu govedinu najmanje 30 minuta.
c) Kuhajte mariniranu govedinu u vrućoj tavi dok ne porumeni i skuha se.
d) Sastavite zdjelice s jasmin rižom kao bazom.
e) Na vrh stavite govedinu od tajlandskog bosiljka, narezanu crvenu papriku i listove svježeg bosiljka. Ukrasite mljevenim kikirikijem.

39. Zdjela za pečenje govedine sa sezamom i đumbirom

SASTOJCI:
- 1 lb goveđeg filea, tanko narezanog
- 1/4 šalice soja umaka
- 2 žlice rižinog octa
- 1 žlica sezamovog ulja
- 1 žlica meda
- 1 žlica naribanog đumbira
- 1 krastavac, tanko narezan
- 2 šalice kuhane kvinoje
- Sezamove sjemenke za ukras

UPUTE:
a) Pomiješajte sojin umak, rižin ocat, sezamovo ulje, med i naribani đumbir kako biste napravili marinadu.
b) U smjesi marinirajte tanko narezanu govedinu najmanje 30 minuta.
c) Kuhajte mariniranu govedinu u vrućoj tavi dok ne bude pečena po vašoj želji.
d) Napravite zdjelice s kvinojom kao podlogom.
e) Odozgo stavite govedinu sa sezamom i đumbirom, tanko narezani krastavac i pospite sezamom.

40.Začinjena zdjela s govedinom Sriracha

SASTOJCI:
- 1 lb goveđeg filea, tanko narezanog
- 1/4 šalice soja umaka
- 2 žlice sriracha umaka
- 1 žlica meda
- 1 žlica soka od limete
- 1 šalica nasjeckanog kupusa
- 1 mango, narezan na kockice
- 2 šalice kuhane smeđe riže
- Sjeckani cilantro za ukras

UPUTE:
a) Pomiješajte sojin umak, sriracha umak, med i sok od limete kako biste napravili marinadu.
b) U smjesi marinirajte tanko narezanu govedinu najmanje 30 minuta.
c) Kuhajte mariniranu govedinu u vrućoj tavi dok ne porumeni i skuha se.
d) Sastavite zdjelice sa smeđom rižom kao podlogom.
e) Povrh stavite začinjenu sriracha govedinu, nasjeckani kupus i mango narezan na kockice. Ukrasite nasjeckanim cilantrom.

41.Zdjela za bockanje odreska od češnjaka i limete

SASTOJCI:
- Odrezak od 1 lb , tanko narezan
- 1/4 šalice soja umaka
- 2 žlice maslinovog ulja
- 3 češnja češnjaka, nasjeckana
- Korica i sok 1 limete
- 1 glavica crvenog luka, sitno narezana
- 1 šalica cherry rajčica, prepolovljenih
- 2 šalice kuhane divlje riže
- Svježi peršin za ukras

UPUTE:
a) U zdjeli pomiješajte soja umak, maslinovo ulje, mljeveni češnjak, koricu limete i sok limete kako biste napravili marinadu.
b) Marinirajte tanko narezani biftek u smjesi najmanje 30 minuta.
c) Marinirani odrezak kuhajte u vrućoj tavi dok ne bude pečen po vašoj želji.
d) Sastavite zdjelice s divljom rižom kao podlogom.
e) Povrh stavite odrezak od češnjaka i limete, narezani crveni luk i cherry rajčice. Ukrasite svježim peršinom.

42. Zdjela za goveđe meso s cilantrom i limetom

SASTOJCI:
- 1 lb goveđeg filea, tanko narezanog
- 1/4 šalice soja umaka
- 2 žlice soka od limete
- 1 žlica ribljeg umaka
- 2 žličice meda
- 1 šalica jicama, julienned
- 1 crvena paprika, tanko narezana
- 2 šalice kuhane basmati riže
- Mljeveni kikiriki za ukras

UPUTE:
a) Pomiješajte sojin umak, sok od limete, riblji umak i med kako biste napravili marinadu.
b) U smjesi marinirajte tanko narezanu govedinu najmanje 30 minuta.
c) Kuhajte mariniranu govedinu u vrućoj tavi dok ne porumeni i skuha se.
d) Napravite zdjelice s basmati rižom kao bazom.
e) Na vrh stavite govedinu s cilantro limetom, julien jicama, narezanu crvenu papriku i mljeveni kikiriki.

43. ZADIMLJENI ČIPOTLE zdjela za pečenje govedine

SASTOJCI:
- 1 lb goveđeg filea, tanko narezanog
- 1/4 šalice soja umaka
- 2 žlice adobo umaka (od konzervirane chipotle paprike)
- 1 žlica meda
- 1 žličica dimljene paprike
- 1 avokado, narezan
- 1 šalica crnog graha, ocijeđenog i ispranog
- 2 šalice kuhane smeđe riže
- Narezani zeleni luk za ukras

UPUTE:
a) Pomiješajte soja umak, adobo umak, med i dimljenu papriku kako biste napravili marinadu.
b) U smjesi marinirajte tanko narezanu govedinu najmanje 30 minuta.
c) Kuhajte mariniranu govedinu u vrućoj tavi dok ne porumeni i skuha se.
d) Sastavite zdjelice sa smeđom rižom kao podlogom.
e) Povrh stavite dimljenu govedinu, narezani avokado, crni grah i narezani mladi luk.

44. Hoisin-đumbir goveđa posuda za pečenje

SASTOJCI:
- 1 lb goveđeg filea, tanko narezanog
- 1/4 šalice hoisin umaka
- 2 žlice soja umaka
- 1 žlica rižinog octa
- 1 žlica naribanog đumbira
- 1 šalica snježnog graška, narezanog na ploške
- 1 mrkva, julienned
- 2 šalice kuhane riže s jasminom
- Sezamove sjemenke za ukras

UPUTE:
a) Pomiješajte hoisin umak, soja umak, rižin ocat i naribani đumbir kako biste napravili marinadu.
b) U smjesi marinirajte tanko narezanu govedinu najmanje 30 minuta.
c) Kuhajte mariniranu govedinu u vrućoj tavi dok ne porumeni i skuha se.
d) Napravite zdjelice s jasmin rižom kao bazom.
e) Povrh stavite hoisin-đumbir govedinu, narezani snježni grašak, juliened mrkvu i pospite sjemenkama sezama.

45. Odrezak i mango tango zdjela za bockanje

SASTOJCI:
- 1 lb goveđeg filea, tanko narezanog
- 1/4 šalice soja umaka
- 2 žlice soka od limete
- 1 žlica meda
- 1 žličica mljevenog kima
- 1 mango, narezan na kockice
- 1 krastavac, narezan na kockice
- 2 šalice kuhane kvinoje
- Svježi cilantro za ukras

UPUTE:
a) Pomiješajte sojin umak, sok od limete, med i mljeveni kim kako biste napravili marinadu.
b) U smjesi marinirajte tanko narezanu govedinu najmanje 30 minuta.
c) Kuhajte mariniranu govedinu u vrućoj tavi dok ne porumeni i skuha se.
d) Sastavite zdjelice s kvinojom kao podlogom.
e) Povrh stavite odrezak, mango narezan na kockice, krastavac narezan na kockice i ukrasite svježim cilantrom.

SVINJETINA BOCNUTI ZDJELICE

46. Teriyaki zdjela za svinjetinu

SASTOJCI:
- 1 lb svinjskog fileta, tanko narezanog
- 1/4 šalice soja umaka
- 2 žlice mirina
- 1 žlica meda
- 1 žlica sezamovog ulja
- 1 žličica ribanog češnjaka
- 1 krastavac, tanko narezan
- 1 šalica komadića ananasa
- 2 šalice kuhane sushi riže
- Zeleni luk za ukras

UPUTE:
a) Pomiješajte sojin umak, mirin, med, sezamovo ulje i ribani češnjak kako biste napravili marinadu.
b) U smjesi marinirajte tanko narezanu svinjetinu najmanje 30 minuta.
c) Mariniranu svinjetinu kuhajte u vrućoj tavi dok ne porumeni i skuha se.
d) Sastavite zdjelice s rižom za sushi kao podlogom.
e) Na vrh stavite teriyaki svinjetinu, narezani krastavac, komadiće ananasa i ukrasite zelenim lukom.

47. Začinjena zdjela od sriracha svinjetine

SASTOJCI:
- 1 lb svinjske lopatice, tanko narezane
- 1/4 šalice soja umaka
- 2 žlice sriracha umaka
- 1 žlica meda
- 1 žlica soka od limete
- 1 šalica crvenog kupusa, nasjeckanog
- 1 mango, narezan na kockice
- 2 šalice kuhane riže s jasminom
- Sjeckani cilantro za ukras

UPUTE:
a) Pomiješajte sojin umak, sriracha umak, med i sok od limete kako biste napravili marinadu.
b) U smjesi marinirajte tanko narezanu svinjetinu najmanje 30 minuta.
c) Mariniranu svinjetinu kuhajte u vrućoj tavi dok ne porumeni i skuha se.
d) Napravite zdjelice s jasmin rižom kao bazom.
e) Povrh stavite začinjenu sriracha svinjetinu, narezani crveni kupus, mango narezan na kockice i ukrasite nasjeckanim cilantrom.

48. Zdjela za bockanje svinjetine od ananasa i đumbira

SASTOJCI:
- 1 lb svinjskog lungića, tanko narezanog
- 1/4 šalice soja umaka
- 2 žlice soka od ananasa
- 1 žlica naribanog đumbira
- 1 žlica smeđeg šećera
- 1 šalica edamamea, kuhanog na pari
- 1 crvena paprika, tanko narezana
- 2 šalice kuhane smeđe riže
- Sezamove sjemenke za ukras

UPUTE:
a) Pomiješajte sojin umak, sok od ananasa, naribani đumbir i smeđi šećer kako biste napravili marinadu.
b) U smjesi marinirajte tanko narezanu svinjetinu najmanje 30 minuta.
c) Mariniranu svinjetinu kuhajte u vrućoj tavi dok ne porumeni i skuha se.
d) Sastavite zdjelice sa smeđom rižom kao podlogom.
e) Na vrh stavite svinjetinu od ananasa i đumbira, edamame kuhan na pari, narezanu crvenu papriku i pospite sjemenkama sezama.

49. Zdjela za bockanje s limunskom travom

SASTOJCI:
- 1 lb svinjske potrbušine, tanko narezane
- 1/4 šalice ribljeg umaka
- 2 žlice soja umaka
- 1 žlica meda
- 2 stabljike limunske trave, mljevene
- 1 mrkva, julienned
- 1 šalica klica graha
- 2 šalice kuhanih vermicelli rezanaca
- Mljeveni kikiriki za ukras

UPUTE:
a) Pomiješajte riblji umak, soja umak, med i mljevenu limunsku travu kako biste napravili marinadu.
b) U smjesi marinirajte tanko narezanu svinjsku potrbušinu najmanje 30 minuta.
c) Mariniranu svinjetinu kuhajte u vrućoj tavi dok ne postane hrskava i kuhana.
d) Napravite zdjelice s vermicelli rezancima kao podlogom.
e) Povrh stavite svinjetinu s limunskom travom, mrkvu u julien-u, klice graha i ukrasite mljevenim kikirikijem.

50. Korejska zdjela za pečenje svinjetine na roštilju

SASTOJCI:
- 1 lb svinjskog buta, tanko narezanog
- 1/4 šalice soja umaka
- 2 žlice gochujanga (pasta od korejske crvene paprike)
- 1 žlica sezamovog ulja
- 1 žlica smeđeg šećera
- 1 šalica kimchija
- 1 krastavac, narezan na ploške
- 2 šalice kuhane riže kratkog zrna
- Sezamove sjemenke za ukras

UPUTE:
a) Pomiješajte sojin umak, gochujang, sezamovo ulje i smeđi šećer kako biste napravili marinadu.
b) U smjesi marinirajte tanko narezani svinjski but najmanje 30 minuta.
c) Mariniranu svinjetinu kuhajte u vrućoj tavi dok ne porumeni i skuha se.
d) Sastavite zdjelice s rižom kratkog zrna kao podlogom.
e) Na vrh stavite svinjetinu na korejskom roštilju, kimchi, narezani krastavac i pospite sjemenkama sezama.

51.Tajlandska zdjela za bosiljak od svinjetine

SASTOJCI:
- 1 lb mljevene svinjetine
- 1/4 šalice soja umaka
- 2 žlice umaka od kamenica
- 1 žlica ribljeg umaka
- 1 žlica smeđeg šećera
- 1 šalica svježih listova bosiljka
- 1 paprika, tanko narezana
- 2 šalice kuhane riže s jasminom
- Mljevena crvena paprika za ukras

UPUTE:
a) U zdjeli pomiješajte sojin umak, umak od kamenica, riblji umak i smeđi šećer kako biste napravili marinadu.
b) Kuhajte mljevenu svinjetinu u tavi dok ne porumeni, zatim dodajte marinadu i kuhajte dok se umak ne zgusne.
c) Sastavite zdjelice s jasmin rižom kao bazom.
d) Na vrh stavite svinjetinu od tajlandskog bosiljka, narezanu papriku i ukrasite zdrobljenom crvenom paprikom.

52. Zdjela za pečenje od pečene svinjetine na roštilju

SASTOJCI:
- 1 lb vučene svinjetine
- 1/4 šalice BBQ umaka
- 2 žlice jabučnog octa
- 1 žlica meda
- 1 šalica mješavine salate od kupusa
- 1/2 crvenog luka sitno narezanog
- 2 šalice kuhane smeđe riže
- Nasjeckani zeleni luk za ukras

UPUTE:
a) U zdjeli pomiješajte pulled svinjetina s BBQ umakom, jabučnim octom i medom.
b) Sastavite zdjelice sa smeđom rižom kao podlogom.
c) Povrh stavite pečenu svinjetinu s roštilja, mješavinu salate od kupusa i narezani crveni luk.
d) Ukrasite nasjeckanim zelenim lukom i uživajte u ovoj zdjeli za pečenje inspiriranoj roštiljem!

53.Češnjak-hoisin svinjska zdjela za pečenje

SASTOJCI:
- 1 lb svinjskog lungića, tanko narezanog
- 1/4 šalice hoisin umaka
- 2 žlice soja umaka
- 1 žlica mljevenog češnjaka
- 1 žlica rižinog octa
- 1 šalica snježnog graška, narezanog na ploške
- 1 mrkva, julienned
- 2 šalice kuhane kvinoje
- Sezamove sjemenke za ukras

UPUTE:
a) Pomiješajte hoisin umak, soja umak, mljeveni češnjak i rižin ocat kako biste napravili marinadu.
b) U smjesi marinirajte tanko narezani lungić najmanje 30 minuta.
c) Mariniranu svinjetinu kuhajte u vrućoj tavi dok ne porumeni i skuha se.
d) Napravite zdjelice s kvinojom kao podlogom.
e) Povrh stavite svinjetinu s češnjakom, narezani snježni grašak, juliened mrkvu i pospite sjemenkama sezama.

54.Zdjela za pečenje od jabučnog jabukovače

SASTOJCI:
- 1 lb svinjskog fileta, tanko narezanog
- 1/4 šalice jabučnog cidera
- 2 žlice soja umaka
- 1 žlica Dijon senfa
- 1 žlica javorovog sirupa
- 1 jabuka, tanko narezana
- 1 šalica crvenog kupusa, nasjeckanog
- 2 šalice kuhane divlje riže
- Nasjeckani peršin za ukras

UPUTE:
a) Umutite zajedno jabukovaču, umak od soje, Dijon senf i javorov sirup da napravite glazuru.
b) Tanko narezanu svinjsku pečenicu marinirajte u glazuri najmanje 30 minuta.
c) Mariniranu svinjetinu kuhajte u vrućoj tavi dok ne porumeni i skuha se.
d) Sastavite zdjelice s divljom rižom kao podlogom.
e) Na vrh stavite glaziranu svinjetinu od jabučnog cidera, narezanu jabuku, nasjeckani crveni kupus i ukrasite nasjeckanim peršinom.

55. Zdjela za bockanje svinjetine s medom i senfom

SASTOJCI:
- 1 lb svinjskog lungića, tanko narezanog
- 1/4 šalice Dijon senfa
- 2 žlice meda
- 1 žlica soja umaka
- 1 žlica maslinovog ulja
- 1 šalica graška, narezanog na ploške
- 1 paprika, narezana na kockice
- 2 šalice kuhane smeđe riže
- Mljeveni kikiriki za ukras

UPUTE:
a) U zdjeli pomiješajte Dijon senf, med, sojin umak i maslinovo ulje kako biste napravili marinadu.
b) U smjesi marinirajte tanko narezani lungić najmanje 30 minuta.
c) Mariniranu svinjetinu kuhajte u vrućoj tavi dok ne porumeni i skuha se.
d) Napravite zdjelice sa smeđom rižom kao bazom.
e) Povrh stavite svinjetinu od meda i senfa, narezani grašak, papriku narezanu na kockice i ukrasite mljevenim kikirikijem.

ZDJELICE ZA PERAD

56. Kalifornijska zdjela za piletinu

SASTOJCI:

Za piletinu s češnjakom i paprikom:
- 2-3 pileća prsa
- ½ šalice crnog papra
- 6 češnjaka, mljevenog
- 1 žlica naribanog đumbira
- Mrskanje maslinovog ulja

Za Poblano rižu:
- 1 šalica riže
- 2 poblano paprike
- 10-15 grančica cilantra
- 1 šaka špinata
- 1/2 luka
- 1 češanj češnjaka
- 2 šalice temeljca (od povrća ili piletine)
- 1/2 žličice soli
- Maslinovo ulje

Za Bocnuti   Zdjela:
- 2 komušine kukuruza
- 1 šalica raznobojnih cherry rajčica, prerezanih na pola
- 2-3 avokada narezati na kockice
- ½ šalice krastavaca, narezanih na kockice

Ukrasi:
- Nasjeckani zeleni luk
- Balsamic redukcija
- Sriracha mayo
- Sjemenke crnog sezama
- Klice

UPUTE:
Za piletinu s češnjakom i paprikom:
a) Pomiješajte sve sastojke za marinadu u zdjeli ili Ziploc-u, poklopite i ostavite da se marinira 2-3 sata.
b) Rešetke roštilja poprskajte sprejom za kuhanje. Zagrijte roštilj na srednje nisku temperaturu.
c) Pecite piletinu na roštilju, okrećući je svakih 5 minuta dok ne bude pečena (15-20 minuta). Pustite da se ohladi prije rezanja na male kockice.

Za Poblano rižu:
d) Pecite poblano paprike na roštilju 10 minuta, okrećući ih do pola.
e) Očistite peteljke i sjemenke poblanosa, zatim pomiješajte s cilantrom, špinatom, lukom i češnjakom.
f) U loncu zagrijte ulje, dodajte rižu i kuhajte dok ne porumeni. Dodajte poblano pire, temeljac i sol. Pirjati dok se riža ne skuha.

Za Bocnuti Zdjela:
g) Pougljenite kukuruz na roštilju, okrećući svakih 5 minuta dok ne bude pečen (oko 15 minuta). Odrežite jezgre kad se ohlade.
h) Sastavite zdjelice: dodajte poblano rižu, kockice krastavca i avokado oko ruba zdjelice. Dodajte rajčice i kukuruz. Prelijte balsamicom redukcijom, pospite sezamom.
i) Stavite pileće kockice s češnjakom i paprom u sredinu i obilato pokapajte sriracha mayone.
j) Ukrasite nasjeckanim zelenim lukom, klicama i sjemenkama sezama.

57. Teriyaki zdjela za piletinu

SASTOJCI:
- 1 lb pilećih prsa, tanko narezanih
- 1/4 šalice soja umaka
- 2 žlice mirina
- 1 žlica meda
- 1 žlica sezamovog ulja
- 1 žličica naribanog đumbira
- 1 šalica edamamea, kuhanog na pari
- 1 avokado, narezan
- 2 šalice kuhane sushi riže
- Sezamove sjemenke za ukras

UPUTE:
a) Pomiješajte sojin umak, mirin, med, sezamovo ulje i naribani đumbir kako biste napravili marinadu.
b) U smjesi marinirajte tanko narezana pileća prsa najmanje 30 minuta.
c) Kuhajte mariniranu piletinu u vrućoj tavi dok ne porumeni i skuha se.
d) Sastavite zdjelice s rižom za sushi kao podlogom.
e) Na vrh stavite teriyaki piletinu, edamame kuhan na pari, narezani avokado i pospite sjemenkama sezama.

58. Zdjela za pečenu puretinu s limunovim začinskim biljem

SASTOJCI:
- 1 lb mljevene puretine
- Korica i sok od 1 limuna
- 2 žlice maslinovog ulja
- 2 žličice sušenog bilja (poput majčine dušice, ružmarina i origana)
- Posolite i popaprite po ukusu
- 1 krastavac, narezan na kockice
- 1 šalica cherry rajčica, prepolovljenih
- 2 šalice kuhane kvinoje
- Svježi peršin za ukras

UPUTE:
a) U zdjeli pomiješajte mljevenu puretinu s limunovom koricom, limunovim sokom, maslinovim uljem, suhim začinskim biljem, soli i paprom.
b) Pecite puretinu na roštilju dok nije potpuno pečena i lagano porumeni.
c) Napravite zdjelice s kvinojom kao podlogom.
d) Na vrh stavite pečenu puretinu s limunovim začinskim biljem, krastavce narezane na kockice, cherry rajčice i ukrasite svježim peršinom.

59. Mango Umak Piletina Bocnuti Zdjela

SASTOJCI:
- 1 lb pilećih bataka, bez kostiju i kože
- 1/4 šalice soka od limete
- 2 žlice meda
- 1 žličica mljevenog kima
- 1 žličica čilija u prahu
- 1 mango, narezan na kockice
- 1 glavica crvenog luka sitno nasjeckana
- 2 šalice kuhane smeđe riže
- Svježi cilantro za ukras

UPUTE:
a) Pomiješajte sok od limete, med, mljeveni kumin i čili u prahu kako biste napravili marinadu.
b) Pileće batake marinirajte u smjesi najmanje 30 minuta.
c) Mariniranu piletinu pecite na roštilju ili skuhajte do kraja.
d) Sastavite zdjelice sa smeđom rižom kao podlogom.
e) Na vrh stavite piletinu sa salsom od manga, mango narezan na kockice, nasjeckani crveni luk i ukrasite svježim cilantrom.

60.Gyro zdjela za bockanje grčke piletine

SASTOJCI:
- 1 lb pilećih prsa, tanko narezanih
- 1/4 šalice grčkog jogurta
- 2 žlice maslinovog ulja
- 1 žlica soka od limuna
- 1 žličica sušenog origana
- 1 krastavac, narezan na ploške
- 1 šalica cherry rajčica, prepolovljenih
- 2 šalice kuhane kvinoje
- Feta sir za ukras

UPUTE:
a) U zdjeli pomiješajte grčki jogurt, maslinovo ulje, limunov sok i sušeni origano kako biste napravili marinadu.
b) U smjesi marinirajte tanko narezana pileća prsa najmanje 30 minuta.
c) Kuhajte mariniranu piletinu u vrućoj tavi dok ne porumeni i skuha se.
d) Napravite zdjelice s kvinojom kao podlogom.
e) Povrh stavite grčku piletinu, narezani krastavac, cherry rajčice i ukrasite izmrvljenim feta sirom.

61.Zdjela za piletinu od slatkog čilija i limete

SASTOJCI:
- 1 lb pilećih mekica, narezanih na trakice
- 1/4 šalice slatkog čili umaka
- 2 žlice soja umaka
- 1 žlica soka od limete
- 1 žlica meda
- 1 šalica nasjeckanog ljubičastog kupusa
- 1 mrkva, julienned
- 2 šalice kuhane riže s jasminom
- Sjeckani kikiriki za ukras

UPUTE:
a) Pomiješajte slatki čili umak, soja umak, sok od limete i med kako biste napravili marinadu.
b) Marinirajte pileće meso u smjesi najmanje 30 minuta.
c) Kuhajte mariniranu piletinu u vrućoj tavi dok ne porumeni i skuha se.
d) Sastavite zdjelice s jasmin rižom kao bazom.
e) Na vrh stavite slatku piletinu s čili limetom, nasjeckani ljubičasti kupus, mrkvu narezanu na julien i ukrasite nasjeckanim kikirikijem.

62. Pesto piletina i posuda od rajčice

SASTOJCI:
- 1 lb pilećih bataka, bez kostiju i kože
- 1/4 šalice pesto umaka
- 2 žlice glazure od balzama
- 1 šalica cherry rajčica, prepolovljenih
- 1/2 šalice mozzarella bisera
- 2 šalice kuhanog farra
- Svježi bosiljak za ukras

UPUTE:
a) Pileće batake marinirajte u pesto umaku najmanje 30 minuta.
b) Mariniranu piletinu pecite na roštilju ili skuhajte do kraja.
c) Sastavite zdjelice s emmerm kao bazom.
d) Prelijte pesto piletinom, prepolovljenim cherry rajčicama, perlama mozzarelle i pokapajte glazurom od balzama.
e) Ukrasite svježim bosiljkom.

63. Zdjela za bocnuti od puretine s glaziranom narančom i đumbirom

SASTOJCI:
- 1 lb mljevene puretine
- 1/4 šalice soja umaka
- 2 žlice marmelade od naranče
- 1 žlica rižinog octa
- 1 žličica naribanog đumbira
- 1 naranča, segmentirana
- 1 šalica nasjeckane mrkve
- 2 šalice kuhane smeđe riže
- Narezani zeleni luk za ukras

UPUTE:
a) U zdjeli pomiješajte soja umak, marmeladu od naranče, rižin ocat i naribani đumbir da napravite glazuru.
b) Kuhajte mljevenu puretinu dok ne porumeni, a zatim dodajte glazuru, miješajući dok se ne prekrije.
c) Napravite zdjelice sa smeđom rižom kao bazom.
d) Na vrh stavite puretinu glaziranu s narančastim đumbirom, segmente naranče, naribanu mrkvu i ukrasite narezanim zelenim lukom.

64. Zdjela za bockanje s piletinom Buffalo i plavim sirom

SASTOJCI:
- 1 lb pilećih prsa, tanko narezanih
- 1/4 šalice bivoljeg umaka
- 2 žlice grčkog jogurta
- 1 stabljika celera, tanko narezana
- 1 šalica cherry rajčica, prepolovljenih
- 2 šalice kuhane kvinoje
- Plavi sir se mrvi za ukras

UPUTE:
a) Marinirajte pileća prsa u umaku od bizona najmanje 30 minuta.
b) Kuhajte mariniranu piletinu u vrućoj tavi dok ne porumeni i skuha se.
c) U zdjelici pomiješajte grčki jogurt s malo umaka od bizona za kremasti preljev.
d) Napravite zdjelice s kvinojom kao podlogom.
e) Na vrh stavite buffalo piletinu, narezani celer, cherry rajčice i ukrasite mrvicama od plavog sira.

65. Zdjela s piletinom od cilantro limete i crnog graha

SASTOJCI:
- 1 lb pilećih mekica, narezanih na trakice
- 1/4 šalice cilantra, nasjeckanog
- 2 žlice soka od limete
- 1 žlica maslinovog ulja
- 1 konzerva crnog graha, ocijeđenog i ispranog
- 1 crvena paprika, narezana na kockice
- 2 šalice kuhane smeđe riže
- Kriške avokada za ukras

UPUTE:
a) U zdjeli pomiješajte nasjeckani cilantro, sok limete i maslinovo ulje kako biste napravili marinadu.
b) Marinirajte pileće meso u smjesi najmanje 30 minuta.
c) Kuhajte mariniranu piletinu u vrućoj tavi dok ne porumeni i skuha se.
d) Sastavite zdjelice sa smeđom rižom kao podlogom.
e) Na vrh stavite piletinu s cilantro limetom, crnim grahom, crvenom paprikom narezanom na kockice i ukrasite kriškama avokada.

66. Zdjela za bockanje s piletinom i humusom

SASTOJCI:
- 1 lb pilećih bataka, bez kostiju i kože
- 1/4 šalice maslinovog ulja
- 2 žlice soka od limuna
- 1 žličica sušenog origana
- 1 šalica cherry rajčica, prepolovljenih
- 1 krastavac, narezan na kockice
- 2 šalice kuhanog kus-kusa
- Humus za ukras

UPUTE:
a) Pomiješajte maslinovo ulje, limunov sok i sušeni origano da napravite marinadu.
b) Pileće batake marinirajte u smjesi najmanje 30 minuta.
c) Mariniranu piletinu pecite na roštilju ili skuhajte do kraja.
d) Napravite zdjelice s kus-kusom kao bazom.
e) Povrh stavite mediteransku piletinu, prepolovljene cherry rajčice, krastavce narezane na kockice i ukrasite malo humusa.

ZDJELICE ZA SUSHI BOCNUTI

67. Narančaste čaše za sushi

SASTOJCI:
- 1 šalica pripremljene tradicionalne sushi riže
- 2 pupčane naranče bez sjemenki
- 2 žličice paste od ubranih šljiva
- 2 žličice prženih sjemenki sezama
- 4 velika lista shiso ili bosiljka
- 4 žličice mljevenog mladog luka, samo zeleni dijelovi
- 4 imitacije rakovih štapića, stil nogu
- 1 list norija

UPUTE:
a) Pripremite rižu za sushi.
b) Naranče poprečno prerežite na pola. Uklonite malenu krišku s dna svake polovice tako da svaka sjedne ravno na dasku za rezanje. Žlicom izvadite unutrašnjost svake polovice. Rezervirajte sve sokove, pulpu i segmente za drugu upotrebu, kao što je Ponzu umak.
c) Umočite vrhove prstiju u vodu i stavite oko 2 žlice pripremljene riže za sushi u svaku narančastu zdjelu.
d) Preko riže premažite ½ čajne žličice paste od kiselih šljiva. Dodajte još 2 žlice sloja riže u svaku zdjelu. Po riži pospite ½ žličice tostiranog sezama.
e) Zataknite po jedan list shisoa u kut svake posude. Stavite 1 žličicu mladog luka ispred listova shisoa u svaku zdjelu. Uzmite imitacije rakova i protrljajte ih dlanovima da ih isjeckate ili ih nožem narežite na komadiće. Na svaku zdjelu stavite rakovicu u vrijednosti od jednog štapića.
f) Za posluživanje, nori narežite nožem na komadiće šibica. Svaku zdjelu pospite komadićima norija. Poslužite uz soja umak.

68. Promiješati-Prži tizdjela za sushi

SASTOJCI:
- 1½ šalice sushi riže
- 4 velika lista zelene salate
- ½ šalice prženog kikirikija, grubo nasjeckanog
- 4 žličice mljevenog mladog luka, samo zeleni dijelovi
- 4 velike shiitake gljive, kojima peteljke uklonite i narežite na tanke ploške
- Začinjena mješavina tofua
- ½ mrkve, spiralno izrezane ili nasjeckane

UPUTE:
a) Pripremite mješavinu riže za sushi i začinjenog tofua.
b) Posložite listove maslac zelene salate na pladanj za posluživanje.
c) Pomiješajte pripremljenu sushi rižu, prženi kikiriki, mljeveni zeleni luk i kriške shiitake gljiva u srednjoj zdjeli.
d) Podijelite miješanu rižu između "zdjelica" zelene salate.
e) Nježno spakirajte rižu u zdjelu zelene salate.
f) Podijelite začinjenu smjesu tofua u zdjelice zelene salate.
g) Na vrh svake pospite komadićima mrkve ili komadićima mrkve.
h) Poslužite zdjelice za prženje s malo zaslađenog sojinog sirupa.

69.Zdjela za sushi od jaja, sira i zelenog graha

SASTOJCI:
- 1½ šalice pripremljene tradicionalne sushi riže
- 10 mahuna blanširanih i narezanih na trakice
- 1 list japanskog omleta, narezan na komadiće
- 4 žlice kozjeg sira, izmrvljenog
- 2 žličice mljevenog mladog luka, samo zeleni dijelovi

UPUTE:
a) Pripremite sushi rižu i japanski omlet.
b) Namočite vrhove prstiju prije dodavanja ¾ šalice riže za sushi u svaku zdjelu.
c) Lagano poravnajte površinu riže u svakoj posudi.
d) Podijelite zeleni grah, komadiće jaja za omlet i kozji sir između 2 zdjele u privlačnom uzorku.
e) Za posluživanje pospite 1 žličicu mladog luka u svaku zdjelu.

70. Zdjela za sushi od breskve

SASTOJCI:
- 2 šalice pripremljene tradicionalne sushi riže
- 1 velika breskva, očišćena od sjemenki i izrezana na 12 kriški
- ½ šalice preljeva za sushi rižu
- ½ žličice čili umaka od češnjaka
- Mlaz tamnog sezamovog ulja
- 1 vezica potočarke, debele peteljke ukloniti

PRELJEVI PO IZBORU
- Avokado
- Losos
- Tuna

UPUTE:
a) Pripremite rižu za sushi i dodatni preljev od riže za sushi.
b) Stavite kriške breskve u zdjelu srednje veličine. Dodajte preljev od sushi riže, umak od češnjaka i čilija i tamno sezamovo ulje.
c) Dobro potopite breskve u marinadi prije nego što ih prekrijete.
d) Pustite breskve da se stegnu na sobnoj temperaturi u marinadi najmanje 30 minuta i najviše 1 sat.
e) Namočite vrhove prstiju prije nego stavite ½ šalice pripremljene riže za sushi u svaku zdjelu.
f) Lagano poravnajte površinu riže.
g) Ravnomjerno rasporedite nadjeve u privlačnom uzorku po vrhu svake zdjelice, dopuštajući 3 kriške breskve po porciji.
h) Poslužite s vilicom i soja umakom za umakanje.

71. Ratatouille zdjela za sushi

SASTOJCI:
- 2 šalice pripremljene tradicionalne sushi riže
- 4 velike rajčice, blanširane i oguljene
- 1 žlica mljevenog mladog luka, samo zeleni dijelovi
- ½ manjeg japanskog patlidžana, pečenog i narezanog na male kockice
- 4 žlice prženog luka
- 2 žlice preljeva od sezamovih rezanaca

UPUTE:
a) Pripremite preljev za sushi od riže i rezanaca sa sezamom.
b) Stavite rižu za sushi, zeleni luk, patlidžan, prženi luk i preljev od sezamovih rezanaca u srednju zdjelu i dobro promiješajte.
c) Odrežite vrhove svake rajčice i izdubite sredinu.
d) Žlicom dodajte ½ šalice miješane mješavine sushi riže u svaku zdjelu rajčice.
e) Stražnjom stranom žlice nježno poravnajte rižu.
f) Zdjelice od rajčice poslužite s vilicom.

72.Hrskava zdjela za sushi od prženog tofua

SASTOJCI:
- 4 šalice pripremljene tradicionalne sushi riže
- 6 unci čvrstog tofua, narezanog na deblje kriške
- 2 žlice krumpirovog ili kukuruznog škroba
- 1 veliki bjelanjak, pomiješan s 1 žličicom vode
- ½ šalice krušnih mrvica
- 1 žličica tamnog sezamovog ulja
- 1 žličica ulja za kuhanje
- ½ žličice soli
- Jedna mrkva, izrezana na 4 šibice
- ½ avokada, narezanog na tanke ploške
- kuhanog kukuruznog zrna
- 4 žličice mljevenog mladog luka, samo zeleni dijelovi
- 1 nori, narezan na tanke trakice

UPUTE:

a) Pripremite rižu za sushi.
b) Stavite kriške između slojeva papirnatih ručnika ili čistih ručnika za suđe i stavite tešku zdjelu na njih.
c) Ostavite kriške tofua da se ocijede najmanje 10 minuta.
d) Zagrijte pećnicu na 375°F.
e) Udubite ocijeđene kriške tofua u krumpirov škrob.
f) Stavite kriške u smjesu od bjelanjaka i okrenite ih da se premažu.
g) Pomiješajte panko, tamno sezamovo ulje, sol i ulje za kuhanje zajedno u srednjoj posudi.
h) Lagano pritisnite malo panko smjese na svaku krišku tofua.
i) Kriške stavite na pleh obložen papirom za pečenje.
j) Pecite 10 minuta, a zatim okrenite kriške.
k) Pecite još 10 minuta ili dok panko premaz ne postane hrskav i zlatnosmeđi.
l) Izvadite ploške iz pećnice i ostavite ih da se malo ohlade.
m) Skupite 4 male zdjelice za posluživanje. Namočite vrhove prstiju prije dodavanja ¾ šalice riže za sushi u svaku zdjelu.
n) Lagano poravnajte površinu riže u svakoj posudi. Podijelite kriške panko tofua u 4 zdjele.
o) Dodajte ¼ štapića mrkve u svaku zdjelu.
p) Stavite ¼ kriški avokada u svaku zdjelu. Stavite 1 žlicu kukuruznih zrna na vrh svake posude.
q) Za posluživanje pospite ¼ nori trakica po svakoj zdjelici. Poslužite sa zaslađenim sojinim sirupom ili umakom od soje.

73. Zdjela za sushi od avokada

SASTOJCI:
- 1½ šalice pripremljene tradicionalne sushi riže
- ¼ male jice, oguljene i izrezane na šibice
- ½ jalapeño čili papričice, uklonjene sjemenke i grubo nasjeckane
- Sok od ½ limete
- 4 žlice rižinog preljeva za sushi
- ¼ avokada, oguljenog, bez sjemenki i narezanog na tanke ploške
- 2 grančice svježeg korijandera, za ukras

UPUTE:
a) Pripremite rižu za sushi i preljev od riže za sushi.
b) Pomiješajte jicama šibice, nasjeckani jalapeño, sok od limete i rižin preljev za sushi u maloj nemetalnoj zdjeli. Pustite da se okusi pomiješaju najmanje 10 minuta.
c) Ocijedite tekućinu iz mješavine jicama.
d) Namočite vrhove prstiju prije dodavanja ¾ šalice riže za sushi u svaku zdjelu.
e) Lagano poravnajte površinu riže.
f) Stavite ½ mariniranih jicama na vrh svake zdjele.
g) Podijelite kriške avokada u 2 zdjele, rasporedite svaku u atraktivan uzorak preko riže.
h) Za posluživanje svaku zdjelu pospite grančicom svježeg korijandera i Ponzu umakom.

74. Zdjelice za sushi od rakova, bijele ribe i Tobiko

SASTOJCI:

- 1½ šalice (300 g) pripremljene tradicionalne sushi riže
- 2 pripremljena tempura rakova s mekim oklopom ili rakova s mekim oklopom od kokosa
- 4 oz (125 g) svježeg fileta tilapije ili druge bijele ribe, narezanog na tanke ploške
- ½ engleskog krastavca ili japanskog krastavca izrezanog na štapiće od 4 inča (10 cm).
- 2 pune žlice ikre kapelana (masago) ili ikre leteće ribe (tobiko)
- 2 žličice mljevenog mladog luka (mladi luk), samo zeleni dijelovi
- Klice Daikon rotkvice (kaiware) ili klice brokule, za ukras

UPUTE:

a) Pripremite rižu za sushi i tempura ili rakove s mekom ljuskom od kokosa.

b) Skupite 2 male zdjelice. Namočite vrhove prstiju prije dodavanja ¾ šalice (150 g) riže za sushi u svaku zdjelu. Lagano poravnajte površinu riže u svakoj posudi. Preko svake posude stavite po jednog pripremljenog raka s mekanim oklopom. Podijelite svježe trake tilapije i štapiće krastavca u zdjelice. U svaku zdjelu stavite 1 punu žlicu ikre kapelina ili leteće ribe. Dodajte 1 žličicu mljevenog mladog luka u svaku zdjelu.

c) Poslužite zdjelice za sushi s Ponzu umakom.

75. Zdjela za sushi od tunjevine sa sezamom

SASTOJCI:
- ¾ šalice (150 g) pripremljene tradicionalne sushi riže
- Šaka spiralno izrezanih daikon rotkvica
- 6 oz (200 g) Tataki od tune, narezan na ¼ in (6 mm) kriške
- ½ limete, za ukras

UPUTE:
a) Pripremite sushi rižu i tataki od tune.
b) Namočite vrhove prstiju prije nego stavite rižu za sushi u malu zdjelu za posluživanje. Lagano poravnajte površinu riže.
c) Naribajte nasjeckani daikon na stražnju stranu zdjele. Rasporedite kriške tune po vrhu zdjele, prislonite ih na daikon. (Ako koristite začinjenu mješavinu tune, smjesu jednostavno nasipajte u sredinu zdjele.) Limetu narežite na tanke ploške i upotrijebite ploške da popunite sva prazna mjesta. Poslužite s Ponzu umakom.
d) Pripremljenu sushi rižu nježno utisnite u zdjelu za posluživanje. Nemojte pakirati rižu.
e) Stavite hrpu daikona u gornju lijevu stranu zdjele. Po želji stavite grančicu začinskog bilja za ukras na vrh daikona.
f) Rasporedite kriške tatakija od tune u dva reda; jedan preko dna zdjele, a drugi niz sredinu.
g) Sva prazna mjesta popunite kriškama limete ili drugim ukrasima.

76. Zdjela za sushi od jakobovih kapica i šparoga

SASTOJCI:
- 1 šalica (200 g) pripremljene tradicionalne sushi riže
- 1 velika žlica ikre lososa (ikura)
- 2 svježe morske kapice, oljuštene i narezane na tanke ploške
- 4 cherry rajčice, narezane na četvrtine
- 1 list japanskog omleta
- 4 koplja šparoga, blanširana i izrezana na ¼ in (6 mm) dužine
- 3 kriške limete, za ukras

UPUTE:
a) Pripremite sushi rižu i japanski omlet. Namočite vrhove prstiju prije dodavanja sushi riže u malu zdjelu za posluživanje. Lagano poravnajte površinu riže. Rasporedite nadjeve u atraktivnom uzorku po vrhu zdjele.
b) Stavite kriške limete preko preljeva za ukras. Poslužite s Ponzu umakom

77. Začinjena zdjela za sushi od jastoga

SASTOJCI:

- 1½ šalice (300 g) pripremljene tradicionalne sushi riže
- 1 žličica sitno naribanog svježeg korijena đumbira
- Jedan rep jastoga kuhan na pari od 8 oz (250 g), bez oklopa i narezan na medaljone
- 1 kivi, oguljen i narezan na tanke ploške
- 2 žličice mljevenog mladog luka (mladi luk), samo zeleni dijelovi
- Šaka spiralno izrezane daikon rotkvice
- 2 grančice svježeg korijandera (trakice cilantra)
- 2 žlice Dragon Juice ili više po ukusu

UPUTE:

a) Pripremite sushi rižu i Dragon Juice.

b) Namočite vrhove prstiju prije nego što podijelite rižu za sushi u dvije male zdjelice za posluživanje. Lagano poravnajte površinu riže u svakoj posudi. Žlicom rasporedite ½ žličice naribanog svježeg korijena đumbira po riži u svakoj posudi.

c) Medaljone jastoga i kivi podijelite na pola. Naizmjenično stavite jednu polovicu kriški jastoga s jednom polovicom kriški kivija preko riže u jednoj posudi, ostavljajući mali prostor nepokriven. Ponovite uzorak u drugoj zdjeli. Stavite 1 čajnu žličicu mljevenog mladog luka u prednji dio svake posude. Podijelite spiralno izrezanu daikon rotkvicu između dvije zdjelice, ispunjavajući prazan prostor.

d) Za posluživanje stavite jednu svježu grančicu korijandera ispred daikon rotkvice u svaku zdjelu. Žlicom stavite 1 žlicu Dragon Juicea na jastoga i kivi u svaku zdjelu.

78. Zdjela za sushi s kratkim rebrima s roštilja

SASTOJCI:
- 2 šalice (400 g) tradicionalne sushi riže, brze i jednostavne sushi riže u mikrovalnoj pećnici ili smeđe sushi riže
- 1 lb (500 g) svinjskih rebara bez kostiju
- 2 žlice sirovog šećera ili svijetlo smeđeg šećera
- 1 žlica rižinog octa
- 2 žlice ulja za kuhanje
- 2 žličice soja umaka
- ½ žličice mljevenog češnjaka
- 2 žlice nasjeckanog kristaliziranog đumbira
- ½ avokada, oguljenog, sjemenki i narezanog na tanke ploške
- ¼ engleski krastavac (japanski krastavac), očišćen od sjemenki i izrezan na štapiće
- ¼ šalice (60 g) sušenog manga, narezanog na tanke trakice

UPUTE:
a) Pripremite rižu za sushi.
b) Kratka rebra utrljajte šećerom. Pomiješajte zajedno rižin ocat, ulje za kuhanje, sojin umak i mljeveni češnjak u srednjoj posudi. Stavite rebra u zdjelu i okrenite ih nekoliko puta da se premazuju. Pokrijte ih i ostavite da se mariniraju 30 minuta.
c) Zagrijte svog brojlera na 500°F (260°C). Stavite kratka rebarca na posudu za pečenje tovnih pila ili pladanj. Pecite oko 5 minuta sa svake strane. Kratka rebra izvaditi iz pleha i ostaviti da se ohlade. Narežite kratka rebra na komade od ½ inča (1,25 cm). (Ako kratka rebra imaju kosti, trebali biste ukloniti meso s kostiju.)
d) Skupite 4 male zdjelice za posluživanje. Namočite vrhove prstiju prije nego stavite ½ šalice (100 g) riže za sushi u svaku zdjelu. Lagano poravnajte površinu riže. Po riži pospite ½ žlice nasjeckanog kristaliziranog đumbira. Podijelite kratka rebra u 4 zdjele.
e) Rasporedite ¼ kriški avokada, štapiće krastavaca i trakice manga u privlačnom uzorku preko zdjele s rižom.
f) Po želji poslužite sa zaslađenim sojinim sirupom.

79. Dynamite Scallop Sushi Zdjela

SASTOJCI:

- 2 šalice (400 g) pripremljene tradicionalne sushi riže
- 2 žličice mljevenog mladog luka (mladi luk), samo zeleni dijelovi
- ¼ engleski krastavac (japanski krastavac), očišćen od sjemenki narezan na male kockice
- 2 imitacije rakova, narezane na komade
- 8 oz (250 g) svježih lovorovih kapica, oljuštenih, kuhanih i držanih na toplom
- 4 pune žlice ljute majoneze ili više po ukusu
- 2 žličice prženih sjemenki sezama

UPUTE:

a) Pripremite sushi rižu i pikantnu majonezu.
b) Skupite 4 čaše za martini. Na dno svake čaše stavite ½ žličice mljevenog mladog luka.
c) Stavite rižu za sushi i krastavac narezan na kockice u malu zdjelu. Dobro promiješajte.
d) Navlažite vrhove prstiju prije nego što podijelite mješavinu riže i krastavaca u svaku čašu. Lagano poravnajte površinu riže.
e) Podijelite nasjeckani štapić od raka između čaša. U svaku čašu dodajte ¼ toplih lovorovih kapica.
f) Preko sadržaja svake čaše stavite punu žlicu pikantne majoneze. Upotrijebite plamenik za pečenje začinjene majoneze dok ne postane mjehurić, oko 15 sekundi.
g) Po vrhu svake čaše prije posluživanja pospite ½ čajne žličice prženih sjemenki sezama.

30.Zdjela za sushi od svježeg lososa i avokada

SASTOJCI:
- 1½ šalice (300 g) pripremljene tradicionalne sushi riže
- ¼ male jice, oguljene i izrezane na šibice
- ½ jalapeño čili papričice, uklonjene sjemenke i grubo nasjeckane
- Sok od ½ limete
- 4 žlice rižinog preljeva za sushi
- 6 oz (200 g) svježeg lososa, narezanog na kriške
- ¼ avokada, oguljenog, sjemenki i narezanog na tanke ploške
- 2 pune žlice ikre lososa (ikura), po želji
- 2 grančice svježeg korijandera (cilantra), za ukras

UPUTE:
a) Pripremite rižu za sushi i preljev od riže za sushi.
b) Pomiješajte šibice jicama, nasjeckani jalapeño, sok od limete i preljev za sushi rižu u maloj nemetalnoj zdjeli. Pustite da se okusi pomiješaju najmanje 10 minuta. Ocijedite tekućinu iz mješavine jicama.
c) Skupite 2 male zdjelice. Namočite vrhove prstiju prije dodavanja ¾ šalice (150 g) riže za sushi u svaku zdjelu. Lagano poravnajte površinu riže. Stavite ½ mariniranih jicama na vrh svake zdjele. Podijelite kriške lososa i avokada u dvije zdjele, rasporedite ih u atraktivan uzorak preko riže. Dodajte 1 punu žlicu ikre lososa, ako je koristite, u svaku zdjelu.
d) Za posluživanje svaku zdjelu pospite grančicom svježeg korijandera i Ponzu umakom. umak od soje.

ZDJELA ZA VOĆE

81. Açaí bobičasto voće s infuzijom limunske trave

SASTOJCI:
- 2 žlice svježih malina
- 2 žlice svježih kupina
- 2 žlice svježih borovnica
- 2 žlice svježeg crnog ribiza
- 2 žličice praha Açaí bobica
- 800 ml infuzije limunske trave, hladno
- malo mineralne vode
- malo javorovog sirupa ili prstohvat stevije u prahu

UPUTE:
a) Stavite svježe bobice i prah Açaí bobica u blender ili procesor hrane, dodajte infuziju limunske trave i pomiješajte do glatke, svilenkaste teksture.
b) Po potrebi dodajte malo mineralne vode kako biste postigli željenu gustoću.

82. Açaí zdjela s morskom mahovinom

SASTOJCI:
- Morska mahovina
- Pire od Açaí bobica
- ½ šalice granole
- 2 žlice maca praha
- 2 žlice kakao praha
- 1 žlica maslaca od badema
- Voće po izboru
- Cimet

UPUTE:
1) Pomiješajte sastojke i na vrh dodajte malo svježeg voća.
2) Uživati.

83. Acai zdjela od kokosa

SASTOJCI:
- 1 pakiranje smrznutog acai pirea
- 1/2 smrznute banane
- 1/2 šalice kokosovog mlijeka
- 1/4 šalice smrznutih borovnica
- 1 žlica meda
- Dodaci: narezana banana, nasjeckani kokos, granola i svježe bobičasto voće.

UPUTE:
a) Pomiješajte acai pire, smrznutu bananu, kokosovo mlijeko, borovnice i med u blenderu dok ne dobijete glatku smjesu.
b) Smjesu izlijte u zdjelu i dodajte dodatke.

84. Açaí zdjela s mangom i makadamijom

SASTOJCI:

- ½ Açaí pirea
- 1 smrznuta banana
- ½ šalice smrznutog manga
- ¼ šalice mlijeka od oraha makadamije
- Šaka indijskih oraščića
- 2 grančice metvice
- Dodaci: narezani mango, narezane banane, pečene ploške kokosa

UPUTE:

a) Pomiješajte sve sastojke, dolijte i uživajte u zdjeli Açaí od manga i makadamije!

85. Vitamin Pojačati Açaí zdjela

SASTOJCI:
- ½ Açaí pirea
- 1 šalica borovnica
- ½ zrelog avokada
- 1 šalica kokosove vode ili nemliječnog mlijeka
- ½ šalice nemliječnog jogurta
- 1 žlica maslaca od oraha
- 1 žlica kokosovog ulja

UPUTE:
a) Stavite sve u blender i uživajte.
b) Ako želite napraviti zdjelu: dodajte još Açaí pirea i smrznutu bananu.
c) Miksajte dok ne postane gusto, ulijte u zdjelu i na vrh stavite omiljeno svježe voće.

86. Açaí zdjela s brazilskim oraščićem s

SASTOJCI:

- ½ šalice brazilskih oraha
- 2 marelice, namočene
- 1½ šalice vode
- 1 žlica Açaí praha
- ¼ šalice smrznutih kupina
- 1 prstohvat soli

UPUTE:

a) Pomiješajte brazilske orahe u vodi i procijedite kroz žičanu cjediljku.
b) Pomiješajte sa svim ostalim sastojcima.

87.Cvijet Vlast brazilska zdjela za açaí

SASTOJCI:
ZA AÇAÍ
- 200 g smrznutog açaija
- ½ banane, smrznute
- 100 ml kokosove vode ili bademovog mlijeka

PRELJEVI
- Granola
- Jestivo cvijeće
- ½ banane, nasjeckane
- ½ žlice sirovog meda
- Sjemenke nara
- Naribani kokos
- Pistacije

UPUTE:
a) Jednostavno dodajte svoj açaí i bananu u procesor hrane ili blender i miksajte dok ne postane glatko.
b) Ovisno o tome koliko je moćan vaš aparat, možda ćete morati dodati malo tekućine da postane kremast. Počnite sa 100 ml i dodajte još prema potrebi.
c) Ulijte u zdjelu, dodajte svoje preljeve i uživajte!

88. Zdjelice od kokosove kvinoje

SASTOJCI:
- 1 žlica kokosovog ulja
- 1½ šalice crvene ili crne kvinoje, isprane
- Limenka od 14 unci nezaslađenog svijetlog kokosovog mlijeka
- 4 šalice vode
- Fina morska sol
- žlice meda, agavinog ili javorovog sirupa
- 2 žličice ekstrakta vanilije
- Jogurt od kokosa
- Borovnice
- Goji bobice
- Tostirane sjemenke bundeve
- Tostirane nezaslađene kokosove pahuljice

UPUTE:

a) Zagrijte ulje u loncu na srednje jakoj vatri. Dodajte kvinoju i tostirajte oko 2 minute, često miješajući. Polako umiješajte limenku kokosovog mlijeka, vodu i prstohvat soli. Kvinoja će u početku klokotati i prštiti, ali će se brzo slegnuti.

b) Pustite da zavrije, zatim poklopite, smanjite vatru na nisku i kuhajte dok ne postane mekana, kremasta, oko 20 minuta. Maknite s vatre i umiješajte med, agavu, javorov sirup i vaniliju.

c) Za posluživanje razdijelite kvinoju u zdjelice. Prelijte dodatnim kokosovim mlijekom, kokosovim jogurtom, borovnicama, goji bobicama, sjemenkama bundeve i kokosovim pahuljicama.

89. Açaí zdjela Sa bananom i kokosom

SASTOJCI:
- ¾ šalice soka od jabuke
- ½ šalice kokosovog jogurta
- 1 banana
- 2 šalice smrznutog miješanog bobičastog voća
- 150 g smrznutog Açaí pirea

PRELJEVI:
- Jagode
- Banana
- Granola
- Kokosove pahuljice
- Maslac od kikirikija

UPUTE:
a) U svoj blender dodajte sok od jabuke i kokosov jogurt.
b) Dodajte ostale sastojke i zatvorite poklopac. Odaberite varijablu 1 i polagano povećavajte do varijable 10. Pomoću nabijača gurnite sastojke u oštrice i miksajte 55 sekundi ili dok ne postane glatko i kremasto.

90.Goji zdjelice za squash

SASTOJCI:

- 2 srednje tikvice od žira
- 4 žličice kokosovog ulja
- 1 žlica javorovog sirupa ili smeđeg šećera
- 1 žličica garam masale
- Fina morska sol
- 2 šalice običnog grčkog jogurta
- Granola
- Goji bobice
- Nar arils
- Sjeckani pekan orasi
- Tostirane sjemenke bundeve
- Maslac od oraha
- Sjemenke konoplje

UPUTE:

a) Zagrijte pećnicu na 375°F.
b) Prerežite tikvu na pola od peteljke prema dolje. Izvadite i bacite sjemenke. Meso svake polovice premažite uljem i javorovim sirupom, a potom pospite garam masalom i prstohvatom morske soli. Stavite tikvicu na obrubljeni lim za pečenje sa prerezanom stranom prema dolje. Pecite dok ne omekša, 35 do 40 minuta.
c) Tikvu okrenite i malo ohladite.
d) Za posluživanje svaku polovicu tikvice napunite jogurtom i granolom. Povrh stavite goji bobice, šipak, pekan orahe i sjemenke bundeve, pokapajte maslacem od oraha i pospite sjemenkama konoplje.

91. Goji superhrana zdjelica za jogurt

SASTOJCI:
- 1 šalica grčkog jogurta
- 1 žličica kakao praha
- ½ žličice vanilije
- Sjemenke nara
- Sjemenke konoplje
- Chia sjemenke
- Goji bobice
- Borovnice

UPUTE:
1) Pomiješajte sve sastojke u posudi.

92.Zdjela s kokosovim bobicama

SASTOJCI:
- 1/2 šalice smrznutog miješanog bobičastog voća
- 1/2 šalice kokosovog mlijeka
- 1/2 smrznute banane
- 1 žlica maslaca od badema
- Dodaci: narezana banana, svježe bobičasto voće, nasjeckani kokos i granola.

UPUTE:
a) Pomiješajte smrznuto bobičasto voće, kokosovo mlijeko, smrznutu bananu i maslac od badema u blenderu dok ne dobijete glatku smjesu.
b) Smjesu izlijte u zdjelu i dodajte dodatke.

93. Zdjela za kokos i ananas

SASTOJCI:
- 1/2 šalice smrznutog ananasa
- 1/2 šalice kokosovog mlijeka
- 1/2 smrznute banane
- 1 žlica chia sjemenki
- Dodaci: narezana banana, komadići svježeg ananasa, nasjeckani kokos i granola.

UPUTE:
a) Pomiješajte smrznuti ananas, kokosovo mlijeko, smrznutu bananu i chia sjemenke u blenderu dok ne postane glatko.
b) Smjesu izlijte u zdjelu i dodajte dodatke.

94. Açaí Bery zdjela s narom

SASTOJCI:
- 8 unci smrznutog Açaí pirea, odmrznutog
- 1 šalica smrznutih malina
- 1 šalica smrznutih borovnica
- 1 šalica smrznutih kupina
- 1 šalica smrznutih jagoda
- ½ šalice sjemenki nara
- 1½ šalice soka od nara

UPUTE:
a) Pomiješajte Açaí, maline, borovnice, kupine, jagode i sjemenke nara u velikoj zdjeli. Podijelite smjesu u 4 ziplock vrećice za zamrzavanje.
b) Zamrznite do mjesec dana, dok ne budete spremni za posluživanje.
c) Stavite sadržaj jedne vrećice u blender, dodajte veliku količinu ⅓ šalice soka od nara i miksajte dok smjesa ne postane glatka. Poslužite odmah.

95.Zdjela zmajevog voća i kivija

SASTOJCI:
- 1 zmajevo voće, prerezano na pola, izdubljeno i narezano na kockice
- 1 kivi, oguljen i narezan na kolutiće
- ½ šalice borovnica
- ½ šalice malina
- ½ šalice jagoda

UPUTE:
a) Žlicom pažljivo izvadite meso zmajevog voća, ostavljajući koru netaknutu da je koristite kao zdjelu za posluživanje.
b) Zmajevo voće, kivi i jagode narežite na kockice.
c) Pomiješajte i stavite natrag u koru pitaye kao zdjelu.

96. Kokos papaja zdjela

SASTOJCI:
- 1/2 šalice smrznute papaje
- 1/2 šalice kokosovog mlijeka
- 1/2 smrznute banane
- 1 žlica chia sjemenki

Dodaci: narezana banana, komadići svježe papaje, nasjeckani kokos i granola.

UPUTE:
a) Pomiješajte smrznutu papaju, kokosovo mlijeko, smrznutu bananu i chia sjemenke u blenderu dok ne postane glatko.
b) Smjesu izlijte u zdjelu i dodajte dodatke.

97.Zdjela s kokosom i mangom

SASTOJCI:
- 1/2 šalice smrznutog manga
- 1/2 šalice kokosovog mlijeka
- 1/2 smrznute banane
- 1 žlica sjemenki konoplje
- Dodaci: narezana banana, komadići svježeg manga, nasjeckani kokos i granola.

UPUTE:
a) Pomiješajte smrznuti mango, kokosovo mlijeko, smrznutu bananu i sjemenke konoplje u blenderu dok ne postane glatko.
b) Smjesu izlijte u zdjelu i dodajte dodatke.

98. Emmer zdjelice za pitu od jabuka

SASTOJCI:

- 2 jabuke, nasjeckane, podijeljene
- 1 šalica (165 g) bisernog farra
- 4 šalice (940 ml) vode
- 1½ šalice (355 ml) mlijeka (mliječnog ili nemliječnog)
- 1 žličica (2 g) mljevenog cimeta
- ½ žličice mljevenog đumbira
- ⅛ žličica pimenta
- Fina morska sol
- 2 žlice (30 ml) javorovog sirupa, meda ili agave
- ½ žličice ekstrakta vanilije
- Pečeni pekan orasi
- Grožđice
- Tostirane sjemenke bundeve
- Sjemenke konoplje

UPUTE:

a) Dodajte jednu od nasjeckanih jabuka, zajedno s emmerm, vodom, mlijekom, cimetom, đumbirom, pimentom i prstohvatom soli u srednju tavu i promiješajte. Pustite da prokuha. Smanjite vatru na nisku, pokrijte i kuhajte uz povremeno miješanje dok ne omekša, 30 do 35 minuta. Neće se apsorbirati sva tekućina. Maknite s vatre, umiješajte javorov sirup, med ili agavu i vaniliju, zatim poklopite i kuhajte na pari 5 minuta.

b) Za posluživanje, podijelite emmer u zdjelice. Dodajte preostalu jabuku i na vrh stavite pekan orahe, grožđice, sjemenke bundeve i sjemenke konoplje.

99. Zdjele od papaje

SASTOJCI:

- 4 žlice (40 g) amaranta, podijeljeno
- 2 male zrele papaje (oko 1 funte ili 455 g svaka)
- 2 šalice (480 g) kokosovog jogurta
- 2 kivija, oguljena i narezana na kockice
- 1 veliki ružičasti grejp, oguljen i izrezan na segmente
- 1 velika naranča za pupak, oguljena i razrezana na segmente
- Sjemenke konoplje
- Sjemenke crnog sezama

UPUTE:

a) Zagrijte visoku široku tavu na srednje jakoj vatri nekoliko minuta. Provjerite je li tava dovoljno vruća tako da dodate nekoliko zrna amaranta. Trebali bi zadrhtati i iskočiti u roku od nekoliko sekundi. Ako nije, zagrijte tavu još koju minutu i ponovno testirajte. Kada se tava dovoljno zagrije, dodajte 1 žlicu (10 g) amaranta. Zrnca bi trebala početi pucati za nekoliko sekundi. Poklopite lonac i povremeno protresite dok sva zrna ne popucaju. Ulijte nakockani amarant u zdjelu i ponovite s preostalim amarantom, 1 žlicom (10 g) odjednom.

b) Prerežite papaju na pola po dužini, od stabljike do repa, zatim uklonite i bacite sjemenke. Svaku polovicu napunite naribanim amarantom i kokosovim jogurtom. Po vrhu stavite kivije, grejpfrut i kriške naranče te pospite sjemenkama konoplje i sezamom.

100. Zelena Açaí zdjela s voćem i bobicama

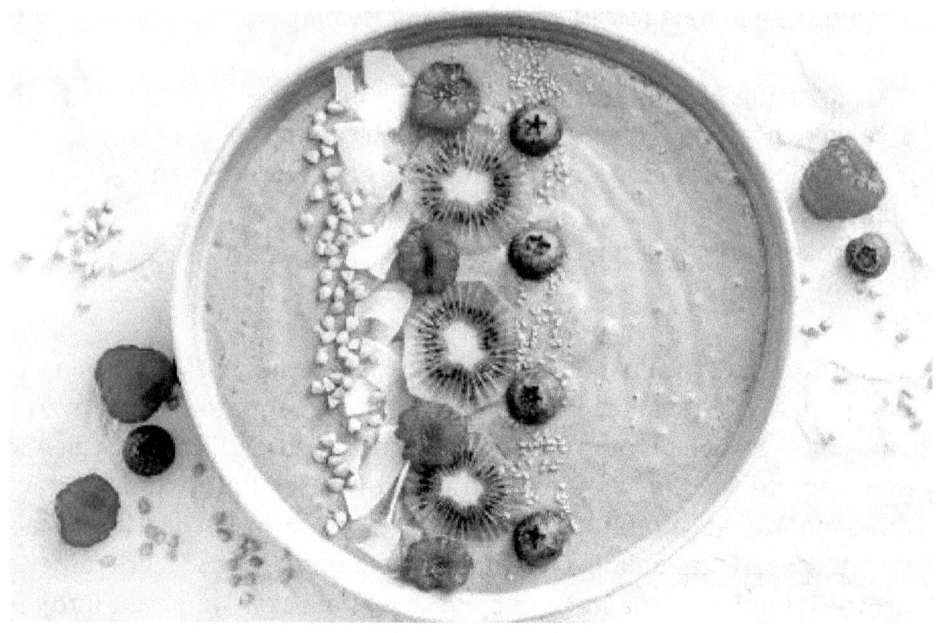

SASTOJCI:

- ½ Açaí pirea
- ⅛ šalice čokoladnog mlijeka od konoplje
- ½ banane
- 2 žlice konopljinog proteina u prahu
- 1 žličica Maca

Dodaci: Svježe sezonsko voće, Sjemenke konoplje, Svježa banana, Zlatne bobice. Bijeli dud, goji bobice, kivi

UPUTE:

1) Stavite sve u blender, miksajte dok ne bude stvarno gusto – dodajte još tekućine ako je potrebno – zatim izlijte u zdjelu.
2) Prelijte voćem i svime što želite!

ZAKLJUČAK

Dok završavamo naše istraživanje " Ultimativna Bocnuti Zdjela Paleta" izražavamo svoju iskrenu zahvalnost što ste nam se pridružili u ovo kulinarskoj odiseji kroz živopisne i raznolike okuse Havaja. Vjerujemo da je ovih 100 recepata donijelo duh otoka u vašu kuhinju, dajući vašim jelima boje, mirise i okuse koji definiraju čaroliju havajske kuhinje.

Ova kuharica više je od zbirke recepata; to je slavlje osjetilnog užitka koji nudi svaka posuda za bockanje. Dok uživate u posljednjim žlicama svojih kreacija, potičemo vas da unesete esenciju havajskog blaženstva u svoj svakodnevni život. Neka " Ultimativna Bocnuti Zdjela Paleta" nastavi nadahnjivati vaše kulinarske avanture, potičući vas da eksperimentirate s okusima, dijelite obroke s voljenima i stvarate trenutke radosti za stolom.

Hvala vam što ste nam dopustili da budemo dio vašeg kulinarskog putovanja. Dok nam se putevi ponovno ne ukrste u carstvu slasnih otkrića, neka vaša kuhinja uvijek bude ispunjena ultimativnom paletom bocnut zdjelaživih havajskih okusa. Aloha!

www.ingramcontent.com/pod-product-compliance
Lightning Source LLC
Chambersburg PA
CBHW050148130526
44591CB00033B/1180